dtv

Entdecken und trainieren Sie Ihre genialen Anlagen: Intuition, Vorstellungskraft, Erfolgsdenken, Motivation, Tatkraft, Flexibilität, Effektivität. Anhand zahlreicher einfacher Übungen zeigen die Autoren, wie wir diese Fähigkeiten gezielt fördern und Probleme mit Vernunft und Phantasie angehen können. Überzeugend legen sie dar, wie wir unser Gedächtnis und die Konzentrationskraft schulen können. Entscheidend ist dabei vor allem die Kraft der Imagination: Mit bildhaftem Denken fällt es leicht, sich selbst abstrakte Zusammenhänge einzuprägen.

Roland R. Geisselhart, geboren 1949, ist Gedächtnis-, Konzentrations- und Kreativitätstrainer. Buchveröffentlichungen u. a.: ‹Das perfekte Gedächtnis› (dtv 36525). *Christiane Burkart*, geboren 1960, arbeitete freiberuflich als Lektorin. Mehrere Buchveröffentlichungen, darunter ‹Stress ade› (2000, zusammen mit R. Geisselhart).

Roland R. Geisselhart, Christiane Burkart

Spielend leicht zum Supergedächtnis

Wecken Sie Ihre genialen Anlagen

Deutscher Taschenbuch Verlag

Von Roland R. Geisselhart und Marion Zerbst
ist im Deutschen Taschenbuch Verlag erschienen:
Das perfekte Gedächtnis (36525)

Ungekürzte Ausgabe
Dezember 2002
Deutscher Taschenbuch Verlag GmbH & Co. KG, München
www.dtv.de

unter dem Titel: Werden Sie ein Genie!
Genietraining für alle, die sich entwickeln wollen
Umschlagkonzept: Balk & Brumshagen
Umschlagbild: © Getty Images/Todd Davidson
Satz: Utesch GmbH, Hamburg
Gesetzt aus der Bembo
Druck und Bindung: Kösel, Kempten
Gedruckt auf säurefreiem, chlorfrei gebleichtem Papier
Printed in Germany · ISBN 3-423-36298-7

Inhaltsverzeichnis

Vorwort

Liebe Leserin, lieber Leser,

mit diesem Buch möchte ich Sie auf dem Weg zu einem Supergedächtnis begleiten. Hier sind Erfahrungen und Ergebnisse zusammengefaßt, die ich als Seminarleiter in Dutzenden von Seminaren und Kursen über Gedächtnistraining, Motivationsschulung, Persönlichkeitsfindung usw. gemacht und gesammelt habe.

Wenn Sie regelmäßig nur wenige Minuten täglich investieren können, werden Sie Ihre genialen Eigenschaften in ungeahnter Weise fördern und entwickeln: Sie finden neue Denkansätze und Lerntechniken; Sie gelangen zu innerem Gleichgewicht in Beruf und Privatleben; Sie werden Ihr Leben zielsicher und kreativ selbstgestalten.

Entdecken Sie den Geniefunken in sich,

«Werden Sie ein Genie!»

Ich wünsche Ihnen dazu viel Erfolg!

Ihr Autor und Seminarleiter

Einleitung

«Niemand kann es mit Talent allein zu etwas bringen. Talent ist eine Gottesgabe, erst harte Arbeit macht daraus Genialität.»

Anna Pawlowa

1. Auch Sie können ein Genie werden!

Der Genie-Funke ist in jedem Menschen vorhanden, auch in Ihnen! Mit gesundem Menschenverstand und viel gezielter Übung können Sie ihn zu einem lodernden Feuer erwecken:

Werden Sie ein Genie!

Wie wollen Sie werden? Wie
Leibniz, das Universal-Genie,
Salomo, das Reichtums- und Weisheits-Genie,
Sokrates, das Philosophie-Genie,
Galileo Galilei, das Astronomie-Genie,
Thomas Alpha Edison, das Erfinder-Genie,
Salvador Dalí, das künstlerische Gestaltungs-Genie,
Adam Riese, das Rechen-Genie,
Henry Ford, das Unternehmer-Genie,
Albert Einstein, das Mathematik- und Naturwissenschafts-Genie,
C. G. Jung, das Kultur-Genie,
Ödipus, das Rätsel-Genie –
wie wollen Sie werden?

Genie heißt, den Horizont des Alltäglichen zu überwinden, neue Chancen zu entdecken.

Genie-Training wurde ursprünglich von Spitzentrainern der Wirtschaft entwickelt und erprobt. Das vorliegende Buch wurde umgearbeitet und vereinfacht, damit auch Sie einen großen persönlichen Erfolg damit erzielen können.

Sie werden:

- Ihre verborgenen Motivationsquellen aufspüren,
- von selbst funktionierende Denkgesetze finden,
- Übungen machen, die Ihre Intelligenz, Inspiration und Intuition optimal fördern,
- neue Aspekte des Lebens entdecken,
- Ihren Horizont erweitern, wie Sie es nie zuvor für möglich gehalten haben,

- Ihr Verstehen ausbauen und Ihre Denkweise durch neue Entdeckungen grundlegend verändern.

Denn:
Genialität ist die optimale Kombination all Ihrer Geistesgaben!

2. Der rote Faden

Lieber Leser,
Sie lassen sich auf ein aufregendes Abenteuer ein. Es genügt bei weitem nicht, dieses Buch zu lesen: Sie werden damit arbeiten müssen!

Genauer: Sie werden dieses Buch sogar mehrmals durcharbeiten müssen!

Denn nur so können Sie mit Hilfe Ihrer eigenen geistigen Fähigkeiten *Ihren* persönlichen Weg finden.

Im Leben ist es ja genauso: Nur die dauerhafte Auseinandersetzung mit den Inhalten garantiert den roten Faden für den Lebensweg. Es kommt bei Ihrer Selbstentfaltung nicht darauf an, daß Sie sich an einer vorgegebenen praktischen Lösung orientieren, sondern daß Sie die in Ihnen schlummernden Anlagen und Fähigkeiten durch die Übungen immer gezielter ans Tageslicht bringen. Wenn sich Ihre inneren Talente in der Praxis entfalten können, werden Sie für diese Talente immer leichter geeignete Anwendungsbereiche finden, die Ihren innersten Bedürfnissen entsprechen. So erarbeiten Sie mit der Zeit Ihren persönlichen roten Faden, an dem allein Sie sich orientieren.

Die ganz großen Genies, z.B. Picasso und Dalí, Goethe und Einstein, arbeiteten weniger mit Anstrengung als mit Überzeugung, Freude und Inspiration. Lassen auch Sie sich von innen her tragen, glauben Sie fest an sich und an Ihre Bestimmung!

Sie können mit diesem Buch *ALLES* aus sich herausholen!

3. Die Aufgaben

Sie haben es schon gelesen: Sie werden arbeiten müssen. In fast jedem Kapitel finden Sie Aufgaben und Übungen, die Sie bitte

- der Reihe nach,
- schriftlich und
- sorgfältig

machen.

Wir empfehlen Ihnen, eine Art Arbeitstagebuch zu führen, wo Sie sowohl die im Buch gestellten Aufgaben lösen, als auch Ihre darüber hinausgehenden Eindrücke und Empfindungen festhalten können. Ihre individuelle Betrachtungsweise ist es, die zählt! Auf Ihre Gedanken und Ideen, gerade auch auf die allerersten, kommt es an. Notieren Sie alles, was Sie für wichtig erachten, und greifen Sie später ruhig öfter auf diese Grundbausteine zurück. Arbeiten Sie von Anfang an mit, und folgen Sie konsequent den Anweisungen dieses Buches. Dann werden Sie bereits in kürzester Zeit die ersten Fortschritte bei sich feststellen. Auch wenn Sie so manches Mal vielleicht denken: Zu was soll denn diese Übung gut sein? Oder: Das kann ich genausogut im Kopf beantworten.

Seien Sie von der ersten bis zur letzten Seite konsequent, lassen Sie sich voll und ganz auf dieses Buch ein:

Sie werden es nicht bereuen!

KAPITEL 1

Über Blitze, Hemisphären und Kino

«Verurteile keinen Menschen und
halte kein Ding für unmöglich,
denn es gibt keinen Menschen, der
nicht seine Zukunft hätte,
und es gibt kein Ding, das nicht
seine Stunde bekäme.»

Talmud

1. Ein Blitz in der Dunkelheit

Ein Mann geht nachts durch den finsteren Wald. Der Weg ist sehr schmal, an beiden Seiten wuchert dichtes Gestrüpp. Das einzige Licht, das dem Mann zur Verfügung steht, ist eine kleine Taschenlampe, mit der er mühsam den Pfad auszuleuchten versucht. Über ihm ballen sich die Wolken zu einem nächtlichen Gewitter zusammen, und es kann nicht mehr lange dauern, bis es zu regnen anfängt. Fast schon beginnt der Mann zu zweifeln, ob er überhaupt noch auf dem richtigen Weg ist.

Plötzlich erhellt ein Blitz die rabenschwarze Dunkelheit, für Bruchteile von Sekunden ist der Wald taghell, und unser nächtlicher Wanderer weiß genau, wo er sich gerade befindet.

Das wäre sie eigentlich schon, unsere einleitende Analogie. Denn so, verehrter Leser, sehen wir die Menschen, Sie und uns, in der heutigen Welt: als Wanderer, die sich durch einen Wald voller Informationen, mitunter durch ein Gestrüpp von Daten mühsam ihren Weg suchen müssen. Das wegweisende Licht ist unsere Intelligenz, der erhellende Blitz ist -

eine plötzliche bildhafte Intuition.

Sie bringt Ihnen in diesem Moment eine klare Vorstellung, einen genauen Eindruck von der Umgebung, in der Sie sich befinden. Sie können Ihre Situation gut einschätzen: wo Sie sind, was Sie dort tun und wo Sie eigentlich noch hinwollen.
Die deutlichsten Eindrücke entstehen logischerweise da, wo der Kontrast am stärksten ist: Auf einem Gebiet, wo noch nicht alles bis ins Detail erforscht ist, bringt ein solcher Lichtblitz mehr neue Erkenntnisse als auf längst bekanntem Terrain.

Wir wünschen Ihnen, verehrter Leser, auf dem Weg durch unser Informationsgestrüpp die richtigen Erkenntnisblitze an den richtigen Stellen - schauen Sie sich vor allem das an, was Sie spontan anspricht und für Ihren Weg durch unser Buch und durch Ihr Leben von Bedeutung ist.

2. Rechts und links in Ihrem Kopf

Haben Sie schon einmal mit einem Kind Memory gespielt – und gewonnen?

Sie werden zuerst lachen, dann aber zugeben müssen, daß bei solchen Gedächtnisspielen meistens die Kinder gewinnen. Warum ist das eigentlich so?

Das liegt an der Arbeitsteilung der beiden Gehirnhälften: Die rechte Hemisphäre ist der Sitz von Phantasie, Kreativität, Bildern, Gefühlen und Intuitionen; die linke hält sich an vorgegebene Strukturen und arbeitet am liebsten linear, d.h. Schritt für Schritt und streng unterteilt in Ursache und Wirkung. Hier wird gerechnet, gelesen, analysiert und gesprochen, und hier findet die Anhäufung von Wissen statt. Im Vorschulalter ist bei Kindern noch die rechte, bildhaft arbeitende Hälfte deutlich stärker ausgeprägt; in der Schule werden dann Rechnen, Lesen, Schreiben und allgemeines Lernen mehr betont, so daß sie schließlich die intuitiven Fähigkeiten der rechten Hemisphäre in den Hintergrund drängen.

In unserem westlichen Kulturkreis sind wir alle auf die «logische» Gehirnhälfte spezialisiert. Die meisten Menschen haben verlernt, auch ihre rechte Seite optimal zu nutzen; doch erst, wenn beide Hemisphären zusammenwirken, können wir unsere geistigen Kapazitäten voll ausschöpfen. Das bedeutet, wir müssen zunächst unsere intuitiven Fähigkeiten wieder zur Geltung kommen lassen und durch ein entsprechendes Bewußtsein verstärken; im zweiten Schritt dann werden rechte und linke Hemisphäre in dauerndem Austausch so miteinander kombiniert, daß sie sich gegenseitig fruchtbar ergänzen.

3. Spielen Sie KINO!

Sie wollen also nun Ihre Vorstellungskraft, Ihre Intuitionen und Ihr bildhaftes Denken fördern - Sie wollen visualisieren.

Visualisieren heißt, eine Bildvorstellung zu kreieren, eine Phantasiewelt zu gestalten, die einen Bezug zur Realität hat. Lernen Sie träumen: Bringen Sie Farbe auf die Leinwand Ihrer Phantasie! Erschaffen Sie Leichtigkeit, kindliche Unbekümmertheit, neue Wünsche, ungewöhnliche Lösungen, kühne Träume, erhabene Ideen, große Hoffnungen, und lassen Sie Ihrem Kino im Kopf dabei größtmöglichen Gestaltungsspielraum!

Die Fähigkeit, Gedankenbilder zu erschaffen und in eine bestimmte Richtung zu lenken, wirkt sich wieder positiv auf das konstruktive, logische Denken aus. Im Bereich der Phantasie sollten wir beide Varianten beherrschen: einerseits stellen wir uns eine Situation ganz genau und realistisch vor, andererseits übertreiben wir das Realistische ins völlig Phantastische, ins total Unmögliche, und je weiter wir uns von der Realität entfernen, um so kreativer können wir mit den Bildern spielen.

Aufgabe

Nehmen Sie sich zehn Minuten Zeit, sorgen Sie dafür, daß Sie möglichst nicht gestört werden.

Stellen Sie sich vor, Sie könnten den morgigen Tag ganz nach Lust und Laune für sich gestalten, ohne Verpflichtungen, ohne Termine.

A

Was würden Sie gerne tun?

1.
2.
3. ... (mindestens 7 Ideen!)

B

Lösen Sie sich von dem, was Sie sonst tun; lassen Sie Ihre Phantasie Purzelbäume schlagen und denken Sie an außergewöhnliche, absurde oder verrückte Dinge, die Sie schon immer einmal tun wollten:

1.
2.
3. ... (mindestens 4 Ideen!)

C

Und nun gehen Sie noch einen Schritt weiter: Erfinden Sie für sich Tätigkeiten, die Sie sich bislang noch nicht vorstellen konnten:

1.
2.
3. ... (mindestens 4 Ideen!)

Wir werden im Laufe des Buches immer wieder auf das Thema «Visualisieren» zu sprechen kommen, und Sie werden feststellen, daß es sich hier um ein ganz zentrales Schlüsselwort auf dem Weg zur Genialität handelt.

Zunächst aber wollen wir uns mit dem richtigen, einem Genie angemessenen Umgang mit der linken Hemisphäre, dem Gebiet des WISSENS, befassen.

KAPITEL 2

Wissen und Genie

«Die Kunst des Findens ist das Suchen.»

PABLO PICASSO

1. Die Suche nach Wissen

Eine Sage berichtet von einem unermeßlich reichen König im Morgenland. Er hatte die höchste Macht inne und wollte nun auch alles Wissen, das es in der Welt gab, für sich erlangen. Er versammelte alle Gelehrten und ließ eine riesengroße Bibliothek zusammenstellen.

Da er nun nicht all diese Bücher selbst lesen konnte, sollten ihn seine Gelehrten unterweisen. Sie ordneten das Wissen nach Sachgebieten, wie wir es heute auch tun würden, und wollten es so dem König präsentieren. Doch er sagte, da im Leben alles miteinander verbunden sei, könne derart aufgeteiltes Wissen nicht ganzheitlich sein, und auch die Fachbücher könne er unmöglich alle selber lesen.

Da gingen die Gelehrten zu ihrem Ältesten, der am meisten wußte, und fragten ihn nach einem Weg. Dem weisen Mann gelang es, das gesamte Wissen in hundert Bänden zusammenzustellen. Diese ließ er nach zwei Jahren dem König bringen: Er habe guten Gewissens das Wesentliche zusammengetragen.

Doch der König erklärte sich außerstande, alle hundert Bände zu lesen, und versprach dem ältesten Gelehrten eine hohe Abfindung, wenn es ihm gelänge, aus den hundert Bänden mit dem wesentlichen Wissen seiner Zeit zehn Bände zu machen. Nach einem Jahr trat der Gelehrte wieder vor den König. Dieser las einige Tage in den zehn Bänden und war sehr zufrieden mit der Arbeit.

Eines Nachts jedoch wurde der Gelehrte von den Vertrauten des Königs aus dem Bett geholt und in den Palast gebracht. Der König sagte ihm unter vier Augen, daß er ihm zutiefst danke, doch er lese nun schon nächtelang, und das Ganze habe kein Ende. Ob er denn nicht aus den zehn Bänden einen einzigen mit dem Allerwesentlichsten machen könne? Der Gelehrte verneinte zunächst, doch der König ließ nicht locker, und so erhielt er von dem betagten Gelehrten schließlich den gewünschten Band.

Der König fing an zu lesen. Doch an seinem Geburtstag ließ er den Gelehrten wieder zu sich in den Palast kommen und fragte ihn, ob es nicht möglich sei, diesen Band in zwei Seiten zu schreiben. Der weise Mann fiel in Ohnmacht. Aber in der Nacht hatte er einen erleuchtenden Traum, und am nächsten Tag brachte er die zwei Seiten. Der König war entzückt.

Es dauerte drei Wochen, bis der Gelehrte dem König alles erklärt hatte, danach schwieg er. Der König verbrannte die zwei Seiten und wurde der mächtigste König der Erde.

Sein Name war Salomo.

Aufgabe

A

Erfinden Sie ein Inhaltsverzeichnis der hundert Bücher. Kürzen Sie dieses auf ein Verzeichnis für zehn Bücher. Und dann schreiben Sie ausführlich das Inhaltsverzeichnis des letzten Buches.

B

Malen Sie sich mit viel Phantasie aus, was auf den letzten beiden Seiten gestanden haben könnte.

C

Warum blühte das Königreich danach so auf? Stellen Sie Ihre eigenen Mutmaßungen an:

1.
2.
3. ... (mindestens 5 Punkte!)

D

Könnte das höchste Wissen vielleicht sogar in einem einzigen Satz, in einer Formel, ausgedrückt werden?

Die Antworten, die Sie finden, können ganz wesentlichen Bezug zu Ihrem Leben haben. Notieren Sie Ihre Einfälle gewissenhaft in Ihr Arbeitsbuch, verfolgen Sie sie weiter. Und blättern Sie später ruhig einmal zurück!

Aufgabe

A

Schreiben Sie die Geschichte des Königs Salomo für sich selbst in Stichworten um, bis sie in mindestens drei Punkten wesentliche Ereignisse aus Ihrem Leben streift oder trifft.

Beispiel: Jemand soll eine wichtige Nachricht an Sie in nur drei Sätze fassen. Oder Sie stellen sich vor, Sie würden als Schüler von Ihrem Lehrer dasselbe verlangen wie der König von seinem Gelehrten. Oder Sie müßten an zwei Abenden in je zehn Zeilen die grundlegenden Erkenntnisse Ihres Lebens in Ihren Computer eingeben, der ja bereits ein unvorstellbares Wissen gespeichert hat.

Welches könnten die drei Punkte sein, die sich mit Ihrem Leben berühren?

1.
2.
3.

B

Fragen Sie analog und suchen Sie weitere Bezugspunkte zu Ihrem Leben: Würde es Ihnen beispielsweise nützen, wenn Ihre Stadtbibliothek pro Wissensgebiet nur ein Buch hätte, in dem der vereinfachte Extrakt aller weltweit zu diesem Thema erschienenen Fachbücher enthalten wäre?

Was würde geschehen?

Wie würden Sie damit umgehen?

Notieren Sie Ihre wichtigsten Gedanken(blitze):

1.
2.
3. ... (mindestens 5 Gedanken!)

C

Notieren Sie zunächst Ihre eigenen Einfälle, und dann diskutieren Sie mit Freunden darüber. Verraten Sie dabei Ihren Standpunkt anfangs noch nicht, erforschen Sie die Gedanken Ihrer Freunde dafür um so genauer und halten Sie sie anschließend fest.

2. Vom Umgang mit anderen

An dieser Stelle möchten wir Ihnen einen Rat geben:

Seien Sie, gerade am Anfang Ihres Genie-Trainings, vorsichtig mit Äußerungen über Ihr Vorhaben. Wer ein Genie werden will, darf sich nicht durch die Zweifel und Skepsis seiner Umgebung beeinflussen lassen. Ihre ersten Motivationsfäden, die Sie mit Ihrem Ziel verbinden, sind so zart, daß sie leicht durch falsche Kommentare zerrissen werden können. Die Fähigkeiten, deren Sie sich sicher sind, und die Erfahrungen, die Sie in der praktischen Umsetzung gemacht haben, dürfen Sie anderen mitteilen, aber gehen Sie dabei äußerst behutsam vor. Die Personen, mit denen Sie Ihre Erkenntnisse teilen möchten, sollten auf einer ähnlichen Wellenlänge schwingen wie Sie, andernfalls können sie das nötige Verständnis nicht aufbringen.

Lernen und wirken Sie anfangs lieber im verborgenen. Außerdem hat das einen praktischen Nebeneffekt: Je mehr Zeit Sie im stillen oder in der freien Natur ganz allein für sich verbringen können, losgelöst von Alltag und Verpflichtungen, um so leichter gelingt Ihnen der Aufstieg in geistige Höhen.

3. «Genie-Training»

Gerade die ersten Ideen und Erwartungen, die Ihnen bei dem Begriff «Genie-Training» in den Sinn kommen, bilden eine Art gedanklichen Grundbaustoff für Ihre späteren persönlichen Erfolge. Es passiert oft, daß plötzlich verborgene Bereiche angerührt werden, daß Sie sich an Beispiele oder Szenen von «Genialität» aus Filmen, Literatur oder Gesprächen erinnern. Diese Anregungen haben einen fruchtbaren Boden bereitet: Sie sind, bewußt oder unbewußt, aufnahmebereit geworden für Höheres. Deshalb hier die nächste

Aufgabe

A

Notieren Sie alle spontanen Assoziationen zum Begriff «Genie-Training»:

1.
2.
3. ... (mindestens 10 Verknüpfungen!)

B

Erinnern Sie sich auch an weiter zurückliegende Anregungen: Wie haben Sie früher über Genialität gedacht? Was hat Sie motiviert, sich um Ihr «Genie» zu kümmern? Wie kam es dazu, daß Sie jetzt dieses Buch in Händen halten? Widmen Sie dieser Selbsterforschung genügend Zeit! Welche «Stationen» fallen Ihnen ein?

1.
2.
3. ... (mindestens 6 Punkte!)

C

Denken Sie in Ruhe über Ihre Erwartungen nach: Was könnte vielleicht schon bald mit einer genialen Förderung Ihrer geistigen Kräfte möglich werden? Welche Ziele werden greifbarer oder sogar überhaupt erst möglich?

1.
2.
3. ... (mindestens 6 Ziele!)

D

Richten Sie nun Ihre Aufmerksamkeit auf die Umsetzung Ihrer Ideen: Sprechen Sie darüber mit anderen, fertigen Sie zu mindestens drei Vorhaben stichwortartige Notizen und Zeichnungen an.

Setzen Sie einige kleinere Ideen sofort um. Für die größeren erforschen Sie die Umsetzungsmöglichkeiten gründlicher und lassen sich etwas mehr Zeit.

Wenn Sie sich einige Zeit mit «Genie-Training» befassen, werden Sie feststellen, daß tief in Ihnen unermeßliche Vorräte an Wissen und Begabung schlummern und daß Sie diese immer leichter erreichen können. Ihre Entwicklung orientiert sich an einem höheren Ziel, und in der Vielfältigkeit Ihrer Handlungen und Reaktionen tritt der rote Faden der Selbstentfaltung immer deutlicher zutage. Denn Sie handeln ja nicht nur um der Ergebnisse willen, sondern um durch Ihre Taten innerlich zu wachsen und Ihre persönliche Intelligenz zu entfalten.

Und je mehr Sinnhaftigkeit Sie in Ihrem Leben erkennen, um so klarer werden Sie auch in der Auswahl Ihrer Handlungen.

4. Der Weg vom Wissen zum Genie

Viele von Ihnen haben gewiß die Vorstellung, um genial zu werden, müßten sie große Mengen von Informationen aus den verschiedensten Bereichen lernen. Doch das ist sicher nicht der rechte Weg zum Genie. Solange ein Student sich für mehrere Fächer interessiert, z.B. für Jura, Philosophie und Mathematik, und solange er sein Wissen in diesen drei Fachgebieten vermehrt, wird er kein Genie. Wenn aber ein Professor all das, was ihn interessierte, studiert hat und danach erkennt, daß ihm die strikte Einteilung in verschiedene Fachgebiete eher ein Hindernis ist, wird er neue Wege suchen.

Wissen, das sich quantitativ vermehrt, steigert die Komplexität der Anschauung. Anzustreben ist jedoch eine Vereinfachung, ein Überblick. Die qualitative Suche nach Wissen entspricht schon eher der Suche nach Weisheit. Und wenn Sie Wissen und Weisheit wechselseitig pflegen, kommen Sie auf Ihrem Weg zum Genie am besten voran.

Der Weg vom Wissen zum Genie ist der Weg vom Detail zum Überblick, vom Maulwurf zum Adler:

Der Maulwurf ist sonnenblind und kann sich nur in einem kleinen Bereich bewegen, wo er sich mit Hilfe seiner Tast- und Riechorgane orientieren kann. Der Adler verkörpert den höchsten majestätischen Punkt der Vogelperspektive: Weitsicht, Überblick, Souveränität. Auch die allerkleinste Anstrengung vom Maulwurf-Denken in Richtung Adler-Blick lohnt sich, und viele kleine Schritte addieren sich im Laufe der Zeit zu einem großen.

In der Phantasie wird der Maulwurf durch Hinzufügen bestimmter Aspekte und Fähigkeiten zur Maus, die Maus zum Eichhörnchen, dieses zur Katze, die Katze zum Löwen, es folgt der Pfau, die Ente, der Singvogel und schließlich der Adler.

Der Maulwurf arbeitet am meisten; die Maus und das Eichhörnchen sind auch fleißig, aber das Eichhörnchen ist bereits schlauer und sammelt Wintervorräte. Die Katze tut schon weniger, dafür fängt sie größere Beute. Der Löwe ist noch erhabener über den Blickwinkel der Kleinen; und je weniger diese Geschöpfe dem Irdischen verhaftet sind, um so eher gelangen sie zur Höhe und zum Überblick wie der Adler. Dieser hat dann zwar die Möglichkeit, seinen Einblick jederzeit wieder zu vertiefen, indem er sein Adlerauge auf das entsprechende Detail richtet, jedoch verspürt er nur noch ganz selten die Notwendigkeit dazu: Der Überblick, d.h. das Einordnen in einen großen Gesamtzusammenhang, ist ihm wichtiger.

Auch Ihre Gedanken werden Sie nach und nach vom Maulwurf-Denken hinaufführen zur Weisheit des Adler-Blicks, zum Genie.

KAPITEL 3

Von der Schublade zum Überblick

«Wer die Welt vernünftig ansieht,
den sieht auch sie vernünftig an.»

FRIEDRICH HEGEL

1. Der Schubladenrand

Eines der größten Hindernisse unserer Zeit ist die Tatsache, daß die Wissensbereiche in sich abgeschlossen sind wie einzelne Schubladen. Menschen werden zu Spezialisten in ihrem Fachgebiet, doch darüber hinaus sind sie oft völlig hilflos.

Ein schönes Beispiel hierfür bietet uns folgende Anekdote über den bekannten deutschen Mathematiker Zassenhaus,

> «...der in einer fremden Stadt einen Waschsalon suchte. Er knotete seine Wäsche zusammen und ging kreuz und quer durch die Straßen, ohne einen zu finden. Schließlich kam er auf die Idee, das Branchenverzeichnis des Telefonbuchs durchzusehen. In einer nahen Telefonzelle entdeckte er eine ganze Seite mit Waschsalons. Er ließ seine Wäsche in der Telefonzelle und kehrte selbstzufrieden lächelnd in sein Hotel zurück. ‹Haben Sie die Wäsche in die Wäscherei gebracht?› fragte der Portier. ‹Nein›, antwortete Zassenhaus, ‹aber das Problem ist geistig bewältigt.›»
>
> *(Aus: Dr. Roger Peters: Praktische Intelligenz)*

Bei diesem zweifellos intelligenten Wissenschaftler liegt eine deutliche Dominanz der linken Hemisphäre vor. Solche Einseitigkeiten und Blockierungen sind auf Dauer unnatürlich. Es gilt, über den Schubladenrand hinwegzusehen; wir müssen die Möglichkeiten erkennen, das vorhandene Wissen auch auf andere Bereiche zu übertragen und somit die Effektivität der Anwendung um ein Vielfaches zu steigern.

Aufgabe

A

Versetzen Sie sich in Herrn Zassenhaus' Lage: Sie sind in einer völlig fremden Stadt, haben einen Koffer voll schmutziger Wäsche und suchen nun nach einer Lösung für Ihr Problem.

Stellen Sie sich die Situation plastisch und realistisch vor: Was können Sie, abgesehen von Telefonzelle und Waschsalon, sonst noch tun?

1.

2.

3. ... (mindestens 5 Lösungsvorschläge!)

B

Übertreiben Sie die Situation ins Phantastische, Unglaubliche und spielen Sie mit Ihren Phantasiebildern:

1.
2.
3. ... (mindestens 5 weitere Vorschläge!)

So können Sie die Entwicklung zum Genie in der Anfangsphase als Kreativitätsentfaltung betreiben; der Bereich von Intuition und Phantasie wird bewußt gefördert. Schauen Sie über den Schubladenrand hinaus; übertragen Sie Ihr Wissen, indem Sie Ihre Vorstellungskraft nutzen. Dadurch umgehen Sie auch die Gefahr, daß sich ein vorhandenes Ungleichgewicht der Hemisphären durch Genie-Training noch verstärkt, und Sie ersparen sich auf dem Weg zu Ihrer persönlichen Genialität einige Sackgassen und Umwege.

2. Von unten nach oben

Den Weg von der Schubladenbildung zum Überblick wollen wir auf der Wissensseite mit folgendem Beispiel verdeutlichen:

Ein kleiner Angestellter einer Firma beherrscht sämtliche Vorgänge in seinem Computer. Dazu benötigt er schon einiges an Fachwissen. Sein Vorgesetzter braucht sich nicht mit den Details der Computerbedienung auszukennen; er muß wissen, was gespeichert ist und wozu das Gespeicherte dient.

Der nächste Vorgesetzte interessiert sich weder für den Computer noch für die Informationen, für ihn zählt nur die Bilanz. Für den Firmenchef schließlich ist die Finanzlage und die wirtschaftliche Situation der Firma entscheidend, also der Zusammenhang auf einer höheren Ebene.

Wenn der Chef die Existenz von höheren Zusammenhängen erkannt hat, kann er diese auch verstehen und zu seinem Vorteil einsetzen. Leider erkennen heute viele Menschen im Alltag gar nicht mehr, daß es überhaupt höhere Zusammenhänge gibt.

Unser Chef hat also den Überblick erlangt, und nun ist wiederum der Blick aus seiner Etage auf die EDV des Alltags möglich, erstrebenswert und sogar notwendig: Nur so kann er noch mehr Verständnis erlangen,

Strukturen und Gesetzmäßigkeiten erkennen und schließlich alle Vorgänge in seiner Firma von seiner höheren Warte aus verstehen: mit dem Adler-Blick.

Und nun stellen Sie sich noch eine Information von dieser höheren Warte vor, die auf jeder darunter liegenden Ebene und gleichzeitig in jeder einzelnen Schublade eines Fachbereichs anwendbar ist:

Das ist königliches Wissen!

Sie erkennen die Richtung Ihres Vorgehens: von unten nach oben. Um im Land des unermeßlichen Wissens nicht wie ein blinder Maulwurf in jeden Winkel zu kriechen, sondern wie ein Adler darüber zu schweben, müssen Sie sich freimachen von den perfektionistischen Kleinigkeiten des Lebens. Zu diesen können Sie später aus der Vogelschau zurückkehren, um zu erkennen, daß das, was eben noch so wichtig war, nur ein kleiner Ausschnitt ist aus einem großen Gesamtzusammenhang.

Aufgabe

Stellen Sie sich drei Situationen vor, die Sie im Alltag immer wieder erleben (z.B. Auto tanken, Parkplatz suchen, Scheck ausfüllen):

A

Betrachten Sie sich und Ihr Verhalten in diesen Situationen einmal genauer, und dann treten Sie einen Schritt neben sich und betrachten sich sozusagen von außen. Stellen Sie sich vor, Sie sind der Tankstellenpächter oder Filialleiter der Bank: Was denken Sie über diesen Kunden?

1.
2.
3. ... (mindestens 5 Aspekte!)

B

Welche höheren Zusammenhänge fallen Ihnen auf? Denken Sie daran, daß viele andere Menschen dasselbe tun wie Sie: Gibt es Regeln oder Gesetzmäßigkeiten? Können Sie aus Ihren Gedanken Erkenntnisse gewinnen, auf die Sie bisher noch nicht gestoßen sind?

1.
2.
3. ... (mindestens 5 Ideen!)

Versuchen Sie, noch mehr Distanz zu sich und Ihrem Handeln zu gewinnen: Suchen Sie sich den Überblick. Gehen Sie weg vom Detail, vom Schubladenwissen, vom Maulwurfdenken, und steigen Sie in kleinen konsequenten Schritten nach oben:

Zur Vogelperspektive, zum Adlerblick, zum GENIE!

KAPITEL 4

Die Strategie des Gleichgewichts

– Welches Genie das größte wohl sei? Das größte ist dieses,
Welches, umstrickt von der Kunst, bleibt auf der Spur der Natur.
Xenien aus dem Nachlaß 48

JOHANN WOLFGANG VON GOETHE

«In der Natur erhält sich alles durch das Gleichgewicht und erneuert sich durch die Bewegung. Gleichgewicht ist Ordnung, und Bewegung ist Fortschritt. Das Wissen von Gleichgewicht und Bewegung ist das absolute Wissen von der Natur.»

ABBÉ ALPHONSE LOUIS CONSTANT

1. Dualität und Gegensatz

Sie haben nun erkannt: Wichtig ist nicht die Anhäufung von möglichst vielen Fakten, sondern der Überblick. Sie müssen entscheiden können, was für Sie wirklich von Bedeutung ist. Bei jeder Entscheidung gilt es, zwei Dinge gegeneinander abzuwägen: das Für gegen das Wider, das eine gegen das andere, Schwarz gegen Weiß, das Gute gegen das Böse usw. Hinter diesen Überlegungen steht das Prinzip der Dualität, das so selbstverständlich ist, daß es im Alltag meist übersehen wird. Und doch bildet es die grundlegende Information aller Wissenschaften: Tag und Nacht, Mann und Frau, Theorie und Praxis, Sommer und Winter: Keines kann auf Dauer ohne das andere sein.

Die Gegenpole bilden ein wechselndes Gleichgewicht, und es ist kaum möglich, ein Ungleichgewicht über längere Zeit aufrechtzuerhalten.

Beginnen Sie nun ganz bewußt, und betrachten Sie dies als einen Schritt auf dem Weg zum Überblick, in allem das Gleichgewicht zu sehen. Es ist anfangs eine ungewohnte Art zu denken, deshalb beachten Sie die folgenden Hilfen:

- Denken Sie in Bildern.
- Betreiben Sie direktes Gegensatzdenken, d.h. Schwarzweißmalerei.
- Bringen Sie möglichst viel Dynamik und Bewegung in Ihre Bilder.

Aufgabe

Visualisieren Sie «Gleichgewicht»!

Versuchen Sie zehn Minuten lang, jede Bewegung und jeden Gedanken sofort wieder auszugleichen.

Beispiel: Wenn Sie in einen Raum hineingehen, stellen Sie sich vor, wie Sie wieder hinausgehen: die gleiche Strecke und rückwärts wie in einem Film, der rückwärts abläuft. Wenn Sie sich setzen, stellen Sie sich vor, wie Sie wieder aufstehen, wenn Sie Lärm hören, stellen Sie sich vor, wie die Schallwellen wieder aus Ihren Ohren hinausströmen usw.

Versuchen Sie es zehn Minuten lang. Notieren Sie anschließend die eindrücklichsten Bilder:

1.
2.
3. ... (mindestens 10 Punkte!)

Das Wesentliche am Prinzip der Dualität ist, daß zwischen den Gegensätzen, die die Dualität ausmachen, ein Zusammenhang besteht, und zwar ein wechselndes Gleichgewicht. Das Wissen von der Natur ist im Grunde das Wissen von Gleichgewicht und Bewegung.

Unser «Adlerblick» ist also in diesem Fall ein Naturgesetz und besagt:

Alle Gegensätze bilden ein wechselndes Gleichgewicht, das sich immer wieder auspendelt.

Diesen Aspekt finden wir auch bei Dr. Ortwin Schäfer. Er stellt in seinem Buch «Kontrastives Denken oder Freiheit beginnt im Kopf» treffend fest, daß das überkommene Denken dualistisch und linear verläuft:

Eine Aussage ist entweder wahr oder sie ist falsch; eine dritte Möglichkeit wird nicht in Betracht gezogen:

> «Unser gewohntes Denken ist einfach zu einseitig und einseitig zu einfach.
> Wir brauchen deshalb ein neues Denken: Kontrastives Denken.» *(S. 8)*

Beim kontrastiven Denken stehen der Modus des «entweder-oder» und der Modus des «sowohl-als-auch» gleichberechtigt nebeneinander:

> «Kontrastives Denken wägt Gegensätze nicht nur gegeneinander ab, sondern balanciert sie auch miteinander aus.» *(S. 14)*

Als Beispiel nennt Dr. Schäfer die prägnante Parole einer italienischen Integrationsbewegung «tutti uguali - tutti diversi», und das

> «... ist nicht länger ein Widerspruch, den es mit dialektischer Spitzfindigkeit aufzulösen gilt ... (sondern) ... ein wesentliches, ein kontrastives Strukturelement der Wirklichkeit ...» *(S. 15)*

Mit dieser Betrachtungsweise gelangen wir zu kontrastivem und objektivem Denken, wie es auch Heimito von Doderer treffend formuliert:

> «Objektivität: Es hat alles zwei Seiten. Aber erst, wenn man erkennt, daß es drei sind, erfaßt man die Sache.»

2. *Die Pyramide*

Wir gehen nun noch einen Schritt weiter und stellen fest:

Aus der Dualität und der Bewegung, die das wechselnde Gleichgewicht hervorbringt, entsteht zwischen den beiden Gegenpolen als dritter Punkt der Kipp-Punkt, wo eine Kraft über die andere siegt und dann als vierten Punkt die Umkehr einleitet.

Ein Beispiel: Sommer und Winter kreieren im wechselnden Gleichgewicht automatisch Herbst und Frühling, Tag und Nacht bringen Morgen und Abend hervor.

Wenn man so will, ist dies die langgesuchte Quadratur des Kreises, denn die vier Punkte ergeben ein sich drehendes Viereck:

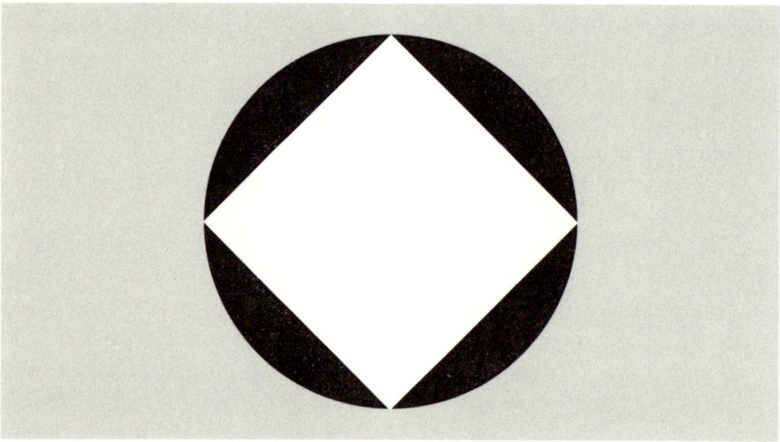

Und es ist gleichzeitig das «Perpetuum mobile», das ewig Bewegliche.

Aus diesen Überlegungen heraus entsteht nun folgendes Bild:

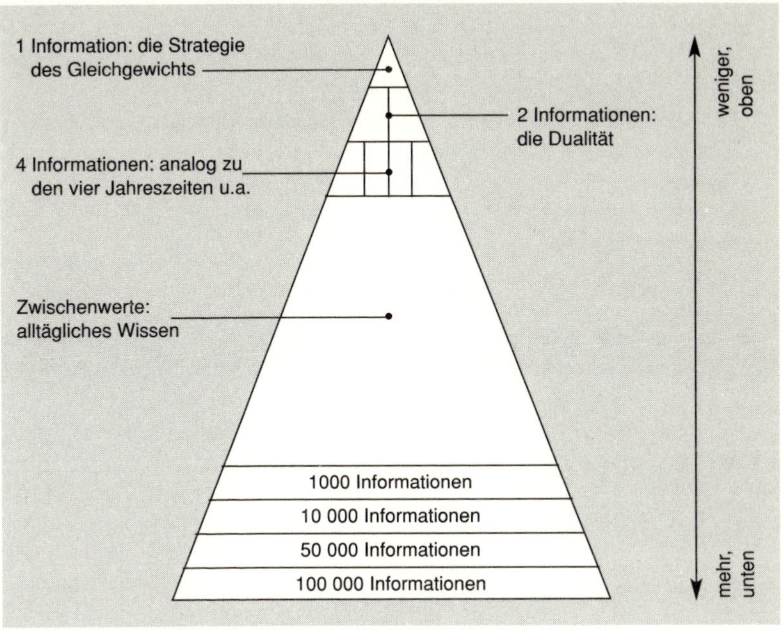

Tatsache ist, daß die eine Information an der Spitze der Pyramide funktional in allen Informationen der Pyramidengrundfläche enthalten ist. Da Sie aber wie alle Menschen weder mit der Spitze der Pyramide noch mit ihrer Grundfläche allzuviel anfangen können, brauchen Sie Zwischenwerte. Von unten aus lohnt es sich, Oberbegriffe zu schaffen, um die Informationsfülle besser zu durchschauen. Von oben betrachtet ist es sinnvoll, die Dualität zu bewegen und aus der Visualisierung mehr Eindrucke und Informationen zu erhalten. Wenn Sie versuchen, die Pyramide von unten nach oben und von oben nach unten zu durchdringen, werden Sie am ehesten eine Wissensvernetzung erreichen und erkennen, daß alle Gebiete ein sich ergänzendes Ganzes bilden.

Wenn Sie dies alles im Ansatz verstehen oder sich Teile davon klarmachen können, haben Sie die ersten Funken vom Licht der größten Genies erhascht. Wichtig ist, sich beim Studieren nach oben und nach unten in der Pyramide bewegen zu können. Nach unten entsteht immer mehr Vielfalt, nach oben geniale Einfachheit und vor allem: mehr universeller Durchblick (s. auch Kap. 12).

Aufgabe

A

Halten Sie den «Genie-Funken» gedanklich fest. Machen Sie sich Notizen und Schaubilder in Ihr Arbeitsbuch.

Erstellen Sie zu folgenden Begriffen Skizzen und eigene Definitionen:

Dualität

Gleichgewicht

Quadratur des Kreises

Wissens-Pyramide

B

Träumen Sie vom Genie-Funken! Erwecken Sie Visionen von **Überblick und Verständnis**. Lassen Sie die abstrakten Begriffe sich auf irgendeine Art verkörpern, lassen Sie sie agieren und lebendig sein.

Phantasiebilder helfen Ihnen, v.a. wenn sie in Bewegung sind, neue Eindrücke und Erkenntnisse ganz in sich aufzunehmen und dauerhaft zu speichern.

C

Denken Sie an verschiedene Wissensgebiete, in denen Sie sich gut auskennen:

1.

2.

3. ... (mindestens 7 Punkte!)

Versuchen Sie, die Wissensgebiete zu ordnen: Gibt es übergeordnete, sich überschneidende oder gar zueinander in Kontrast stehende Bereiche? Können Sie ein Gleichgewicht zwischen den einzelnen Wissensgebieten feststellen?

Schon die Strategie des Gleichgewichts, die Vorstellung von Gegensätzen in Bewegung, genügt als Ausgangspunkt, um über jede vorgestellte, geschilderte oder gesehene Sachlage, Situation, Handlung oder Funktion einige klare Aussagen zu machen oder Fragen zu stellen.

Weisheit ist die Vereinfachung des Wissens auf Wesentliches, z.B. auf Austausch, Umkehr, Wechselwirkung, Einpendeln, Schwankung, Bewegung - und immer wieder:

Die Vereinfachung auf die Strategie des Gleichgewichts.

3. Gleichgewicht und Persönlichkeit

Betrachten Sie einmal ganz konkret die Umsetzung der Strategie des Gleichgewichts in Ihrem Leben:

Aufgabe

A

Erstellen Sie eine Tabelle «Beruf/Privatleben» und tragen Sie in beiden Spalten all das ein, was Sie dringend erledigen müssen:

Beruf	Privatleben
1.	1.
2.	2.
3. ... (mindestens je 10 Punkte!)	3. ...

B

Schreiben Sie jeweils die Zeit (in Stunden, Tagen, Wochen) dazu, die Sie brauchen, um diese Aufgaben zu erledigen. Auf welcher Seite benötigen Sie mehr zeitlichen Aufwand? Wie können Sie die beiden Bereiche wieder ins Gleichgewicht bringen?

C

Gehen Sie in Ihrem Leben so weit zurück, bis Sie in einer Phase sind, wo Sie noch für beides genügend Zeit zur Verfügung hatten. Betrachten Sie Ihre seitherige Entwicklung und ziehen Sie Ihre Schlüsse: Wann und wie hat sich das Gleichgewicht Beruf/Privatleben verändert?

Welche Gründe erkennen Sie für die Gleichgewichtsverschiebungen?

1.
2.
3. ... (mindestens 5 Gründe!)

D

Machen Sie dieselben drei Aufgaben mit den Begriffen «Innenleben/äußeres Leben»: Was müssen Sie dringend erledigen? Wieviel Zeit benötigen Sie dazu? Wann war das Gleichgewicht noch vorhanden und woran liegt es, daß es heute gestört ist?

Die Pflege des Innenlebens ist ein wichtiger Faktor in der Persönlichkeitsbildung. Erst die Ausgewogenheit von innen und außen führt dazu, daß sich alle wichtigen Eigenschaften gegenseitig ergänzen und harmonisch entwickeln können.

Schon Friedrich Schiller hat festgestellt:
«Es bildet ein Talent sich in der Stille,
sich ein Charakter in dem Strom der Welt.»

4. Qualität, Quantität und persönliche Schwerpunkte

Für das Wachstum einer Firma z.B. ist beides wichtig: einerseits qualifizierte Mitarbeiter, seien es Fachkräfte, die Qualität erzeugen können, seien es Führungskräfte, die mit Menschen umgehen können. Andererseits die Quantitäten: Verkaufszahlen, Märkte, Umsatzanteile, produzierte Stückzahlen usw. Die Gefahr liegt heute oft darin, daß der Mensch, der für Qualität steht, mit dem quantitativ-sachlichen Wachstum von Technik und Know-how nicht mithalten kann.

Auch für Ihr Privatleben ist das Abwägen von Quantität und Qualität von Bedeutung: Haben Sie z.B. einen großen Freundeskreis und finden Sie für jede Unternehmung jemanden, der dieselben Interessen hat und sich Ihnen anschließt? Oder haben Sie nur wenige Freunde, auf die Sie sich dafür Tag und Nacht verlassen können?

Wo liegen Ihre Erfahrungen hinsichtlich Qualität und Quantität?

Aufgabe

A

Erstellen Sie eine Liste mit Beispielen «Qualität – Quantität», z.B.
Feinschmecker-Restaurant – Fast Food
sorgfältig arbeiten – schnell arbeiten und Fehler riskieren usw.:

1.
2.
3. ... (mindestens 10 Beispiele!)

B

Stellen Sie Fragen: Wo sind Qualitätssteigerungen wichtig? Wo schadet quantitatives Wachstum evtl. der Qualität? Wo bremsen Qualitätsverluste das Mengenwachstum? usw.

C

Stellen Sie Vergleiche an, sehen Sie Ähnlichkeiten, ziehen Sie Rückschlüsse:

1.
2.
3. ... (mindestens 6 Schlußfolgerungen!)

D

Seien Sie flexibel und wechseln Sie den Standpunkt: Betrachten Sie die Sachlage einmal von der Gegenseite aus! Schärfen Sie Ihren Blick für Ursachen und (Aus-)Wirkungen!

E

Stellen Sie sich vor, Sie tragen Verantwortung und müssen Lösungen präsentieren. Denken Sie sich zu einem beliebigen der unter a) notierten Begriffspaare je 3 realistische und 3 phantasievolle Vorschläge aus, wie Sie die entgegengesetzten Aspekte miteinander vereinbaren können.

Wenn Sie diese Aufgaben lösen, können Sie entweder auf Ihr Privatleben oder auf Ihre berufliche Tätigkeit (oder auf beides) Bezug nehmen. **Denken Sie das zu Ende, was Ihnen spontan einfällt.** Gehen Sie Ihren Assoziationen und Ideen **konsequent** nach, und lassen Sie Ihrer Phantasie freien Lauf.

Ihre persönliche innere Entwicklung muß in einem ausgewogenen Verhältnis zur Entwicklung Ihrer Firma, Karriere, Familie oder allgemein Ihrer Umgebung stehen, sonst wächst Ihnen das, was Sie nach außen hin tun, über den Kopf. Ihr inneres Wissen soll aber in gleichem Maße wachsen wie Ihr äußeres Tun.

Wissen Sie spontan, worin Ihr persönlicher Lebenssinn liegt?

Aufgabe

A

Erstellen Sie eine Liste mit Ihren persönlichen Schwerpunkten im Leben:

z.B.

1. Partnerschaft
2. Beruf
3. Kinder
4. Sport
5. Genie-Training ... usw. (mindestens 12 Punkte!)

B

Bringen Sie diese in eine Wichtigkeits-Reihenfolge: Was ist Ihnen am wichtigsten?

1.
2.
3. ... – 12.

Sie haben nun eine Prioritätenliste aufgestellt. Sie sind sich darüber klargeworden, was in Ihrem Leben wirklich von Bedeutung ist - aber haben Sie auch genügend Zeit, sich ausreichend um diese Bereiche zu kümmern? Oder haben Sie zu viele «wichtige» oder «dringende» Aufgaben, die darauf warten, erledigt zu werden? Wie schnell verkriechen wir uns hinter einem «ich muß erst noch...» oder «ich darf nicht vergessen...»! Sie müssen auch hier lernen, Prioritäten zu setzen:

Aufgabe

A

Schreiben Sie eine Liste mit unerledigten oder noch nicht zu Ende gebrachten Tätigkeiten:

1.
2.
3. ... (mindestens 12 Punkte!)

B

Teilen Sie die Liste auf in «wichtig» und «unwichtig». Müssen Sie wirklich alles selbst ausführen? Oder könnten Sie den einen oder anderen Punkt delegieren, auf andere Art leichter und schneller lösen oder sogar einfach streichen?

Wichtig:	Unwichtig:
1.	7.
2.	8.
3. ... – 6.	9. ... – 12.

B

Notieren Sie neben den wichtigen Aufgaben gleich jetzt einen Termin, zu dem Sie sie erledigen können (und kontrollieren Sie die Ausführung mit der nötigen Strenge!).

Machen Sie eine solche Liste so oft wie nötig - und so ehrlich wie möglich! Denn in Ihrem Unterbewußtsein vergessen Sie die unerledigten Aufgaben nicht, und das kostet Sie, ohne daß Sie sich dessen bewußt sind, unnötig viel an Geisteskraft und Energie. Sobald Sie aber Ihren wirklich bedeutenden Verpflichtungen nachkommen und sich der weniger wichtigen entledigen, haben Sie, abgesehen vom Zeitgewinn, den Kopf wieder frei für Höheres.

Bevor nicht das Unerledigte getan ist, finden Innovationen und neue Ideen keinen Platz. Das Umsetzen von abstraktem Geistestraining funktioniert nur, wenn Sie die einfachen konkreten Arbeitstechniken beherrschen. Niemand ist perfekt, aber Sie haben den festen Willen, sich zu verändern, sich zu verbessern. Und Harmonie im Praktischen hilft, auf der Suche nach dem Universalschlüssel zur Genialität, Ungleichgewicht und Umwege zu vermeiden:

Beginnen Sie im Praktischen, beginnen Sie bei sich selbst!

KAPITEL 5

Visualisierung: Technik und Erfolge

«Visionsfähigkeit also ist die
Führungseigenschaft,
die in den nächsten Jahren
verlangt werden wird.»

SEBASTIAN G. RENNER

1. Die Technik zur Lösungsfindung

Alles, was Sie sich bildhaft vorstellen können, verstehen Sie besser. Je mehr Sie mit Imaginationen arbeiten, um so leichter erkennen Sie die Zusammenhänge. So können Sie auch die Technik des Visualisierens einsetzen, um auf kreative und erfolgreiche Weise Probleme zu lösen und persönliche Ziele zu verfolgen.

Die Fähigkeit, in Bildern zu denken, die bei Kindern so stark ausgeprägt ist, ist auch bei uns Erwachsenen noch vorhanden; wir müssen sie nur gezielt fördern und aus ihrem Dornröschenschlaf wecken.

Die Kunst des Visualisierens wirkt sich in vielen Bereichen Ihres Lebens positiv aus: Wenn Sie immer öfter mit kreativen Bildvorstellungen arbeiten, können Sie, ganz nebenbei oder sogar gezielt, so wichtige Fähigkeiten steigern wie Konzentration, Motivation, Gedächtnis und Intelligenz.

Voraussetzung für erfolgreiches Visualisieren ist zunächst ein wenig Ruhe. Um unbelastet von Alltag und Realität emporzusteigen in Ebenen von Inspiration, Traum und Vision, sollten Sie für einige Zeit ungestört sein.

Versuchen Sie, sich zu entspannen. Ideal wäre es, wenn Sie, z.B. durch autogenes Training, den sogenannten Alpha-Zustand erreichen, den Zustand also, in dem Sie sich kurz vor dem Einschlafen bis etwa zwanzig Minuten nach Schlafbeginn sowie kurz nach dem Aufwachen befinden. Auf dieser Bewußtseinsebene lassen sich die Gedankenbilder leichter vorstellen, und die Phantasie läßt sich leichter in die gewünschte Richtung steuern.

Wenn Sie nun ein bestimmtes Problem lösen wollen, stellen Sie sich die Situation möglichst plastisch und lebendig vor, setzen Sie Ihre ganze verfügbare Phantasie ein!

Am besten werden Sie verstehen, was wir meinen, wenn Sie es gleich konkret umsetzen, deshalb präsentieren wir Ihnen die folgende

Aufgabe

Denken Sie an eine Situation, die in den nächsten Tagen auf Sie zukommt und die Ihnen irgendwie schwierig oder unangenehm erscheint (Gespräch mit dem Chef, Zahnarztbesuch, Probleme mit dem Partner o.ä.).

A

Überlegen Sie sich, wie die Situation verlaufen könnte: Was kann im schlimmsten, was im besten Fall geschehen?

Negative Folgen:	Positive Folgen:
1.	1.
2.	2.
3. ... (mindestens 5 Fälle!)	3. ... (mindestens 5 Fälle!)

B

Wie wollen Sie aus dieser Situation herausgehen, was wollen Sie «danach» erreicht haben? Welche Eindrücke wollen Sie hinterlassen, welche Resultate erzielen?

1.
2.
3. ... (mindestens 5 Ergebnisse!)

C

Wie wohl werden Sie sich fühlen, wenn Sie diese Situation erst überstanden haben?

1.
2.
3. ... (mindestens 5 Punkte!)

Lassen Sie Ihrem Bilderdenken freien Lauf, sammeln Sie alle Ideen und Ansätze, die Ihnen spontan dazu einfallen. Steuern Sie die Bilder in eine positive Richtung!

D

Machen Sie diese Übung ein paarmal, bevor Sie die entsprechende Situation erleben, notieren Sie jeweils die Bilder, die Ihnen dazu einfallen.

Halten Sie anschließend fest, ob und wie Sie Ihr Ziel erreicht haben: Welche vorher vermuteten Aspekte sind tatsächlich eingetreten?

1.
2.
3. ... (mindestens 5 Punkte!)

An dieser Stelle sei noch ein Beispiel für den Einsatz bildhafter Vorstellungskraft aus der Vergangenheit erwähnt:

Ein volkstümlicher Dichter steht vor einer Unterredung mit seinem Verleger. Er weiß, daß dieser von seinem Werk nicht allzu begeistert ist, und kann sich gut vorstellen, welche Bedenken sich im Kopf seines Gesprächspartners abspielen werden. Bevor er nun zu diesem Termin geht, setzt er sich an den Tisch, legt seine Unterlagen vor sich hin und schließt die Augen. In Gedanken sitzt er dem Verleger gegenüber: Er hört die möglichen Einwände, einen nach dem anderen, und überlegt sich jeweils eine passende Antwort darauf. Er steht wieder auf, nimmt sein Werk und sucht den Verleger auf.

Die Gedichte werden gedruckt und erlangen Weltruhm. Der Name des Autors ist Johann Wolfgang von Goethe.

Sie haben erkannt:

Die Bildvorstellung regt das Denken zum Vogelflug der Phantasie an. Auch Sie werden sich immer öfter aus dem Grau der Alltagswelt erheben, Ihre Probleme «von oben» betrachten und sie anschließend mit neuen Ideen und Inspirationen viel gezielter und einfacher lösen können.

2. Zielvorstellungen

Sie können nun die Technik der Visualisierung nicht nur benutzen, um vorhandene Probleme zu lösen; Sie können damit sogar Einfluß nehmen auf Ihr Leben und auf Ihre Zukunft. Was haben Sie für Ziele? Wie wollen, wie können Sie diese erreichen?

Sie werden vielleicht einwenden, daß ja das Umsetzen von Plänen meist mit Schwierigkeiten verbunden ist und wir uns eigentlich mit dem Kapitel «Problemlösung» zufriedengeben könnten, aber wir wollen noch einen Schritt weitergehen. Wir sehen nicht nur die naheliegenden Ziele im konkreten Alltagsgeschehen; wir wollen uns darüber hinaus mit Zukunft befassen, mit neuen Bewußtseinshorizonten und Visionen, die sich nicht nur auf die nächsten Wochen und Monate beziehen.

Es gibt inzwischen einiges an Literatur darüber, wie man durch regelmäßige, konsequente Imaginationen seine geistigen Zielvorstellungen präzisiert und ihnen näher kommt (Kirschner, Kehoe und zum Teil auch Carnegie).

Diese Art mentalen Trainings treffen wir bei Roberto Assagioli an. Eines seiner Hauptwerke trägt den Titel «Die Schulung des Willens». Hier formuliert er u.a. die folgenden Gesetze:

> Gesetz 1:
> Vorstellungen oder mentale Bilder und Ideen haben die Tendenz, die körperlichen Bedingungen und die äußeren Handlungen zu erzeugen, die diesen entsprechen.
> Gesetz 2:
> Einstellungen und Handlungen haben die Tendenz, entsprechende Bilder und Ideen hervorzurufen. Diese wiederum verstärken entsprechende Emotionen.
>
> *(Aus: Gerd Gerken: Die unsichtbare Kraft des Managers)*

Die Gesetze sprechen im Grunde für sich: Je intensiver wir uns mental mit unseren Zielen befassen, um so eher ziehen wir Personen, Situationen und Ereignisse an, die das Erreichen dieser Ziele begünstigen.

Wir möchten im Zusammenhang mit unserem Streben nach Genialität noch einen Schritt weiter gehen: Aus dem obigen Zitat schließen wir, daß die Fähigkeit, sich seine Ziele bildhaft und lebendig vorzustellen, wichtige Voraussetzung dafür ist, diese Ziele letztendlich auch zu erreichen.

Aufgabe

Denken Sie in nächster Zeit ab und zu über Ihre Lebensplanung und Ihre persönlichen Ziele nach. Können Sie ein Hauptziel herauskristallisieren? Das muß nicht morgen sein oder nächste Woche, lassen Sie sich genügend Zeit!

Wenn Sie dann soweit sind, gönnen Sie sich ab und zu ein paar Minuten Ruhe und versetzen sich in Gedanken in die Zukunft: Stellen Sie sich vor, Sie haben Ihr Ziel schon erreicht.

Wie sieht Ihr Leben dann aus?

Wie fühlt sich die Situation an, welche Empfindungen verbinden Sie mit Ihrem Ziel?

Wie sehen Sie sich selbst in diesem Erfolg?

Je öfter und intensiver Sie sich diesen gewünschten und angestrebten Zustand vorstellen, um so genauer läßt er sich fassen und um so mehr Kleinigkeiten werden Sie im Alltag erleben, die Sie Ihrem Ziel näherbringen.

Schreiben Sie die kleinen Schritte auf, die Ihnen bewußt werden:

1.
2.
3. ... (mindestens 10 Punkte!)

Bekommen Sie einen Blick für die Eigendynamik, die solche konsequent visualisierten Wünsche entwickeln!

Sie werden schon bald erkennen: Mit klaren Zielvorstellungen erschaffen Sie sich Ihre Wirklichkeit selbst!

3. Analogie

Wenn Sie nun eine bestimmte Situation in Gedanken durchspielen, so wenden Sie wahrscheinlich schon automatisch Ansätze einer Technik an, die wir Ihnen zum ausführlichen und effektiven Gebrauch empfehlen wollen:

die Analogie.

«ANALOGIE (griech.), von ana = wieder und logos = Proportion, Verhältnis; also etwa Übereinstimmung oder Ähnlichkeit der Verhältnisse.»

So wird der Begriff im Lexikon definiert.

Suchen Sie nun bei der Visualisierung von Problemen und passenden Lösungsansätzen möglichst viele Bilder aus vergleichbaren Bereichen.

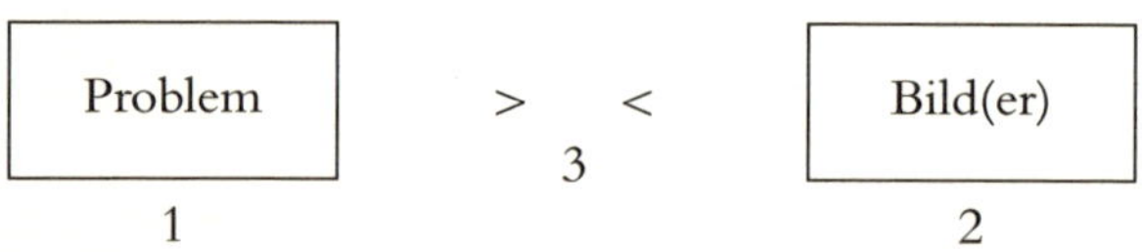

1: Sie formulieren das Problem;
2: Ihnen fallen alle möglichen Bilder ein;
3: Sie suchen nach Prinzipien und Analogien, die ihr Problem mit dem jeweiligen Bild verbinden:
«Was hat das Element des Bildes mit dem Element des Problems zu tun?» und «Wozu regt es an?»

So finden Sie neue, meist unvermutete Lösungsansätze.

Wenn Sie noch einen Schritt weiter gehen wollen, dann wählen Sie die Bilder bereits ganz gezielt aus einem jeweils analogen Bereich aus: Haben Sie ein technisches Problem, so wählen Sie z.B. ein entsprechendes Bild aus der Natur, zur Lösung eines sozialen Problems ein Bild aus ähnlichen Fällen und bisherigen Lösungen.

Beispiele für die Umsetzung von Analogien kennen wir alle:

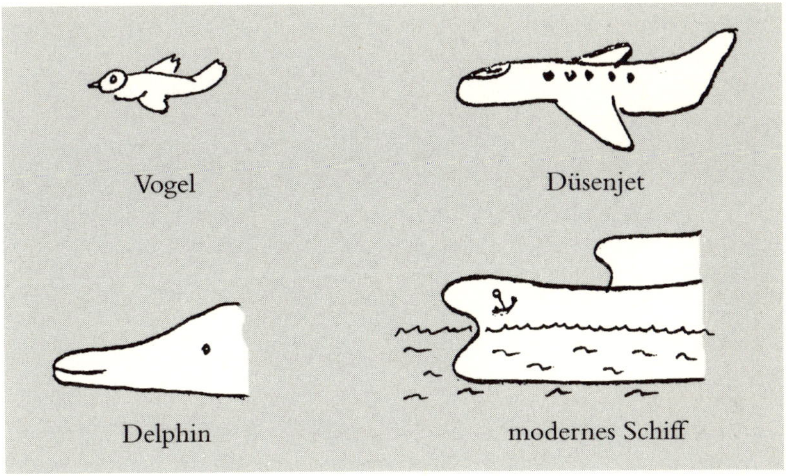

Der berühmte Chemiker Kekulé, der versuchte, die Formel der Benzolstruktur zu finden, hatte im Halbschlaf eine Vision von Affen, die Ringelreihen tanzten, und von einer Schlange, die sich in den Schwanz biß. Dieses Bild half ihm: Er erkannte die Analogie und entdeckte so die ringförmige Struktur des Moleküls.

Dmitri Mendelejew hatte die Idee des Periodensystems der chemischen Elemente im Jahre 1869, während er eine Kartenpatience betrachtete.

Derartige Beispiele ließen sich noch viele aufzählen, doch Sie sollen das Analogiedenken ja selbst praktizieren. Deshalb die folgende

Aufgabe

Formulieren Sie ein beliebiges Problem aus Ihrem Alltag:
Problem: ____

____

Suchen Sie nach Analogien aus möglichst vielen verschiedenen Bereichen. Sie können, ja Sie sollen sogar nach den ersten offensichtlichen Ideen Ihre kreative Phantasie einsetzen und auch absurde und abwegige Entsprechungen finden!

1.
2.
3. ... (mindestens 12 Ideen!)

C

Überlegen Sie nun bei jeder Analogie: Welcher Lösungsansatz könnte sich hier bei einer Verknüpfung mit dem Problem ergeben?

1.
2.
3. ... 12.

D

Versuchen Sie, die verschiedenen Möglichkeiten, wie Sie Ihr Problem angehen können, miteinander zu kombinieren; stellen Sie sich z.B. einen stufenförmigen Lösungsweg vor: Ein Schritt baut auf dem vorhergehenden auf:

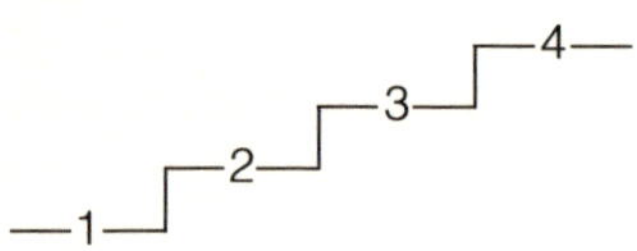

> Finden Sie selbst ein BILD, wie sich Ihre Lösungsansätze verwirklichen lassen!

4. Gelenkte Inspiration

Die Anwendung der Analogietechnik in mehreren Schritten kann als «gelenkte Inspiration» bezeichnet werden. Sie läßt sich auch einsetzen, wenn mehrere Personen miteinander an einer Problemlösung arbeiten.

Wir machen Ihnen folgenden konkreten Vorschlag für das Vorgehen in einer kreativen Analogietechnik-Sitzung:

1. Das Problem wird formuliert.
2. Das Problem wird kurz erläutert.
3. Sie notieren die ersten spontanen Lösungsvorschläge (z.B. auf einem Flip-Chart).
4. Gemeinsam wird das Problem neu formuliert mit dem Ziel, viele verschiedene Formulierungen zu finden, die das Lösungsfeld abstecken.
5. Gemeinsame Auswahl einer dieser Formulierungen
6. Sie bilden direkte Analogien, um das Problem zunächst zu verfremden.
7. Eine dieser Analogien wird ausgewählt und analysiert.
8. «Regressionsphase» (= persönliche Analogie): «Wie fühlen Sie sich als die ausgewählte Analogie?»
9. Symbolische Analogie: Das Wesentliche aus 7. und 8. wird zusammengefaßt. Fügen Sie ein Wort hinzu, das ein Paradoxon zum ersten Begriff enthält, so daß Sie Schlagwörter kreieren, etwa wie «heißes Eis» oder «sengende Kälte», «blendende Dunkelheit» usw.
10. Auswahl einer dieser symbolischen Analogien.
11. Bilden Sie zu dieser symbolischen Analogie wieder direkte Analogien.
12. Eine dieser Analogien wird ausgewählt und stichwortartig analysiert.
13. Vergleichen Sie das Problem-Ausgangsbild und die vielen analogen Bilder: «Was für Ideen können wir aus den Analogien für unser Problem gewinnen?»
14. Ergebnis: neuartige, kreative Lösungsansätze!

Dieses Vorgehen ist keine logische Ideenableitung; es ist vielmehr eine gelenkte Inspiration, die das Problem bewußt verfremdet, um dadurch in neue, außergewöhnliche Lösungsräume vorzustoßen.

So beruht kreatives Denken auch nach Ansicht des Lernpsychologen Sarnoff A. Mednick auf der Kombination von Elementen, die nur ganz entfernt miteinander zu tun haben:

> «Je weiter die Elemente der neuen Kombination voneinander entfernt sind, desto kreativer ist der Prozeß oder die Lösung.»
>
> *(Aus: Harman/Rheingold: Die Kunst, kreativ zu sein, S. 74)*

5. Der Erfolg: Nicola Tesla

Die Forschung versucht schon seit langem, eine Verbindung nachzuweisen zwischen der Fähigkeit zur Konzentration auf visuelle Vorstellungsbilder und der Fähigkeit, kreative Zustände herbeizuführen. Daß eine solche Verbindung existiert, scheint folgende Geschichte zu bestätigen:

> An einem Februarnachmittag ging ein großer, dunkelhaariger Wissenschaftler mit seinem Assistenten bei Anbruch der Dämmerung spazieren.
>
> «Er begann, ein Gedicht von Goethe über den Sonnenuntergang zu deklamieren - plötzlich blieb er wie angewurzelt stehen und starrte in die Sonne.
>
> ‹Sehen Sie es denn nicht?› fragte er seinen verdutzten Gefährten. ‹Es steht genau vor mir. Sehen Sie, es geht vorzüglich.›
>
> Er nahm einen Stock und zeichnete damit die Linien eines Diagramms in die aufgeweichte Erde. Der Mann war Nicola Tesla, und was er da in den Schmutz malte, war das seit langem gesuchte Wechselstromsystem zur Elektrizitätserzeugung. Aufgrund dieser Entdeckung konnte er die Wasserkraft der Niagarafälle nutzen und der Welt das Zeitalter der Elektrizität bescheren.»
>
> *(Aus: Ostrander/Schroeder: Superlearning, S. 146)*

Der Name Tesla (1856-1943) ist uns heute kaum bekannt. Und doch hat dieser Mann über 700 Entdeckungen und Erfindungen gemacht, von denen wir viele in unserer modernen Zeit nicht missen möchten:

Er erfand den Tesla-Transformator, das Neonlicht und die Leuchtstofflampen, den Oszillator, die ersten Elektromotoren, ferngesteuerte Geräte und vieles mehr.

Das Faszinierende an ihm war seine außergewöhnliche Kraft der Visualisierung: Er konnte sich mögliche Erfindungen mit Leichtigkeit vorstellen; er brauchte keine Modelle zu bauen, Zeichnungen anzufertigen oder Experimente durchzuführen: Er ließ seine Vorstellungskraft arbeiten. Und diese Vorstellungskraft hatte er durch jahrelanges Üben auf dieses Leistungsniveau gebracht!

Über fünfzig Jahre vor der Erfindung des Computers praktizierte er bereits, was moderne Programmierer als «Modellieren und Simulieren» kennen:

«Es spielt für mich überhaupt keine Rolle, ob ich meine Turbine nur in Gedanken laufen lasse oder sie in meiner Werkstatt teste. Ich merke dabei sogar, wenn sie nicht vollkommen gleichmäßig läuft. Es gibt keinen Unterschied, die Ergebnisse sind dieselben. So bin ich in der Lage, schnell ein Konzept zu entwickeln und zu vervollkommnen, ohne etwas anzufassen.
Sobald ich schließlich in meine Erfindung jede erdenkliche Verbesserung eingebaut habe und nirgendwo mehr einen Fehler entdecke, setze ich das endgültige Produkt meines Geistes in konkrete Form um. Meine Erfindung funktioniert dann unweigerlich so, wie ich sie konzipiert habe, und das Experiment führt genau zum geplanten Ergebnis. In zwanzig Jahren hat es dabei nicht eine einzige Ausnahme gegeben.»

(Nicola Tesla über sich selbst, aus: Harman/Rheingold: Die Kunst, kreativ zu sein, S.81)

Sie werden nun sicherlich nicht von heute auf morgen mit vergleichbaren genialen Eingebungen aufwarten können; aber auch Sie werden bei konsequenter Umsetzung der gezeigten Visualisierungstechniken schon bald die ersten Erkenntnisse für sich gewinnen und persönliche Zielvorstellungen verwirklichen.

Hier gilt: üben, üben, üben; Übung macht den Meister!

Denken Sie einfach noch mehr in bewegten Bildern.

KAPITEL 6

Einbildungskraft, Vernunft und ihre Umsetzung

«Die Gedanken sind unser Schicksal.»

A. Schopenhauer

1. *Abstraktes Prinzipiendenken*

Die Fragen und Aufgaben, die wir Ihnen bis jetzt gestellt haben, waren zum großen Teil konkret und bezogen sich meist auf Situationen und Erfahrungen aus Ihrem Leben. Mit Hilfe Ihrer Vorstellungskraft und logischer Schlußfolgerungen haben Sie Antworten gefunden, die Ihnen zunächst auch helfen, Ihre Fortschritte auf dem Weg zum Genie zu definieren. Wenn Sie diesen Weg konsequent weiterverfolgen möchten, werden Sie schon bald nicht umhin können, Ihre Gedanken auch auf abstraktere Bereiche zu richten. Gerade mit dem abstrakten Denken aber haben wir heutzutage zunehmend Schwierigkeiten. Um sie in den Griff zu bekommen, empfehlen wir Ihnen an dieser Stelle, Ihr bildhaftes Denken noch mehr zu intensivieren.

Sie haben richtig gelesen: Um abstraktes Denken zu lernen, müssen wir unsere Vorstellungskraft noch viel weiter ausbauen. Je *lebendiger* wir die Phantasiebilder spielen lassen, je mehr wir uns an Möglichem und dann auch an Unmöglichem vorstellen können, um so eher können wir uns vom konkreten Alltag in abstrakte Geisteshöhen emporschwingen. Unser Ziel ist ja nach wie vor die «Über-Sicht», der Adlerblick.

An dieser Stelle verweisen wir zurück auf das Prinzip von Dualität und Gegensatz:

> Schaffen Sie sich zu jedem Bild, das Sie visualisieren, ein Gegenbild. Lassen Sie diese Bilder tanzen, fügen Sie weitere Bilder hinzu, kreieren Sie Dynamik und Lebendigkeit.

Wenn Sie dies häufiger tun, können Sie immer leichter den «Über-Blick» über die konkreten Vorstellungen erlangen; **Sie erkennen Zusammenhänge und Gesetzmäßigkeiten, die hinter Ihren bewegten Bildern existieren: Sie gewinnen an Einblick und Abstraktion - Sie erkennen die übergeordneten Prinzipien.**

Die beste Übungsgrundlage zur Ausbildung einer dreifach stärkeren und flexibleren Vorstellungskraft bietet das leicht und mit schnellen Erfolgen zu übende Buch «Das perfekte Gedächtnis». Vom selben Autor im Deutschen Taschenbuch Verlag München in der 6. Aufl. 2001 erschienen.

Ein Prinzip ist wie ein Gesetz, das in verschiedenen Auswirkungen und Situationen immer wieder auftritt. Wer sich auf das Vorhandensein von wichtigen Prinzipien einstellt, kann vieles schneller vorhersehen und leichter verstehen als andere Menschen!

Nehmen wir als Beispiel den Begriff «FASZINATION»:

Unter diesem Prinzip lassen sich ein Maler, ein Autor, eine schöne Frau, ein Künstler, ein Graphiker, eine Floristin, ein Bildhauer, ein Filmemacher, ein Dozent und noch einige mehr auflisten. Diese Betrachtungsweise mag Ihnen ungewöhnlich vorkommen, sie ist jedoch unmittelbar einleuchtend: Jede der genannten Personen fasziniert ihr Publikum. Jede Person muß zu sehen sein oder etwas zeigen, sie muß beim Zuschauer Interesse wecken und es zum Nicht-Alltäglichen führen, sie bemüht sich um einen ästhetischen Schönheitsbegriff. Zwar agiert jeder in einem anderen Bereich, doch der Oberbegriff, **das Prinzip «FASZINATION», gilt für sie alle.**

In einem weiteren Schritt können Sie nun das Prinzipiendenken auf Ihr Leben übertragen: Sehr oft werden Menschen mit einer bestimmten persönlichen Eigenart immer wieder mit denselben Problemen konfrontiert. So wird z.B. ein Schüchterner öfters in Situationen geraten, wo die Lösung heißt: Mut aufbringen; ein Mutiger erlebt immer wieder Dinge, bei denen er Ausdauer zeigen muß usw.

Diese Prinzipien lassen sich deswegen relativ leicht feststellen, weil hier eben aufgrund entsprechender Veranlagung häufig Folgen auftauchen.

Aufgabe

A

Denken Sie einmal hierüber nach: Welche speziellen Situationen haben Sie in den letzten Wochen und Monaten erlebt?

1.
2.
3. ... (mindestens 10 Situationen!)

B wichtig

Welche davon lassen sich unter einem gemeinsamen Prinzip zusammenfassen?

Prinzip: ...
Situation 1.
2.
3. ...

C

Nun, da Sie das Prinzip erkannt haben: Welche Möglichkeiten sehen Sie für sich, die entsprechende Situation in Zukunft besser zu gestalten?

1.
2.
3. ... (mindestens 5 Möglichkeiten!)

Das folgende Schaubild zeigt Ihnen nochmals den Weg zum Adlerblick:

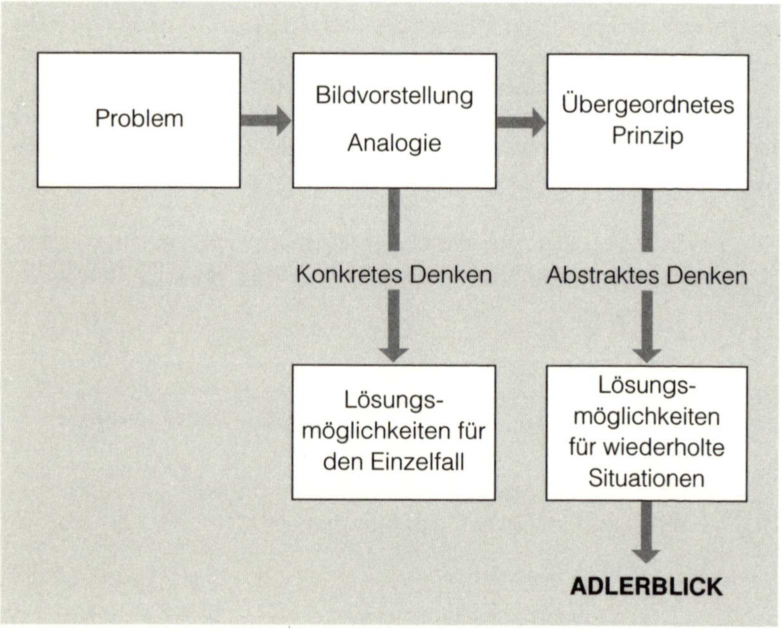

Indem Sie sich daran gewöhnen, zwischen konkretem und abstraktem Denken hin- und herzublenden, werden Sie auch die wesentlichen Aussagen dieses Buches leichter erkennen und verstehen.

Der Weg vom bildhaften zum abstrakten Denken läuft parallel zum Weg von der Schublade zum Überblick und letztendlich auch zum Weg vom Wissen zum Genie.

2. Der Reißverschluß

Je mehr Sie nun im Laufe dieses Buches mit Imaginationen arbeiten, um so deutlicher spüren Sie, daß die Bilder allein Sie nicht weiterbringen. **Träumen und sich inspirieren lassen dürfen Sie, soviel Sie wollen** - aber solange Sie Ihre Eindrücke nicht ordnen, kommen Sie nicht vorwärts. Ihr angesammeltes Wissen und Ihre Logik müssen dazukommen und aus diesen Bildern die höheren Zusammenhänge herausfiltern; erst dann können Sie von Ihrer Phantasie auch profitieren, den Überblick gewinnen, die Prinzipien erkennen und nutzbringend anwenden.

Umgekehrt ist es genauso: Logik, Vernunft und abstraktes Wissen machen Sie noch nicht automatisch zum Genie. Sie müssen auch erkennen, wie Sie diese Begabungen im täglichen Leben sinnvoll ein- und umsetzen können. Denn wann wenden Sie Ihr Wissen an? Wenn Sie das, was Sie wissen, auch verstanden haben. Und wie können Sie etwas verstehen? Indem Sie, sei es in Ihrer Vorstellungskraft, sei es in der Realität, Situationen erleben, Analogien sehen, Spiegelbilder und Gegensätze suchen, wo Sie eben dieses Wissen gezielt umsetzen können. Lassen Sie sich anfangs Zeit dabei!

Sie haben sicherlich unsere Absicht erkannt, verehrter Leser: Sie kommen am besten voran, wenn Sie Intuition und Bilderdenken auf der einen Seite mit Logik und Vernunft, auf der anderen Seite reißverschlußartig verknüpfen. Beide Bereiche bringen Ihnen größtmöglichen Nutzen und Fortschritt, wenn sie nicht als Gegensätze angesehen, sondern als sich ergänzende Dualität miteinander verbunden werden.

Aufgabe

Stellen Sie sich vor, Sie erfahren heute abend, daß Sie morgen eine Rede halten müssen (Firma, Elternbeirat, Mieterversammlung o.ä.).

A

Notieren Sie alle spontanen Bilder, Assoziationen und Gefühle, die Ihnen bei dieser Vorstellung in den Sinn kommen.

1.
2.
3. ... (mindestens 12 Assoziationen!)

B

Versuchen Sie, die Situation logisch zu erfassen: Wie können Sie sich vorbereiten? Wie wollen Sie auftreten? Was haben Sie schon für sonstige Erfahrungen mit «Reden» gemacht?

1.
2.
3. ... (mindestens 10 Erfahrungen!)

C

Überlegen Sie sich nun, was Sie mit Ihrer Rede erreichen wollen: Was wollen Sie Ihren Zuhörern vermitteln? Stellen Sie sich vor, was sie nach Ihrer Ansprache wissen oder denken, und wie Sie und Ihr Publikum sich anschließend fühlen. Wollen Sie Ihre Hörer informieren, motivieren, evtl. sogar zu etwas anstacheln?

Schaffen Sie sich bewegte Bilder!

1.
2.
3. ... (mindestens 8 Ziele!)

D

Und nun wenden Sie das Reißverschlußprinzip an: Nehmen Sie das Knochengerüst aus Logik, Vernunft und abstraktem Wissen und bekleiden Sie es mit dem Fleisch Ihrer bildhaften Inspiration und Imagination: Was entsteht, ist eine lebendige, realitätsnahe Zielvorstellung. Diese Übung ist eine praktische Weiterführung von Visualisierung (und Gedächtnistraining). **Viele Lösungsansätze entstehen dabei – auch ohne Logik!**

Notieren Sie alle Einzelheiten, die Ihnen dazu einfallen!

Wenn Sie Ihre früheren Notizen genau betrachten, werden Sie feststellen, daß Sie ansatzweise schon ganz automatisch gemacht haben, was wir in dieser Aufgabe gezielt von Ihnen verlangen: nämlich Ihre Logik, Ihre Vernunft und Ihr Erfolgswissen in Ihre Imaginationen mit einfließen zu lassen.

Wir können obiges Schaubild entsprechend erweitern:

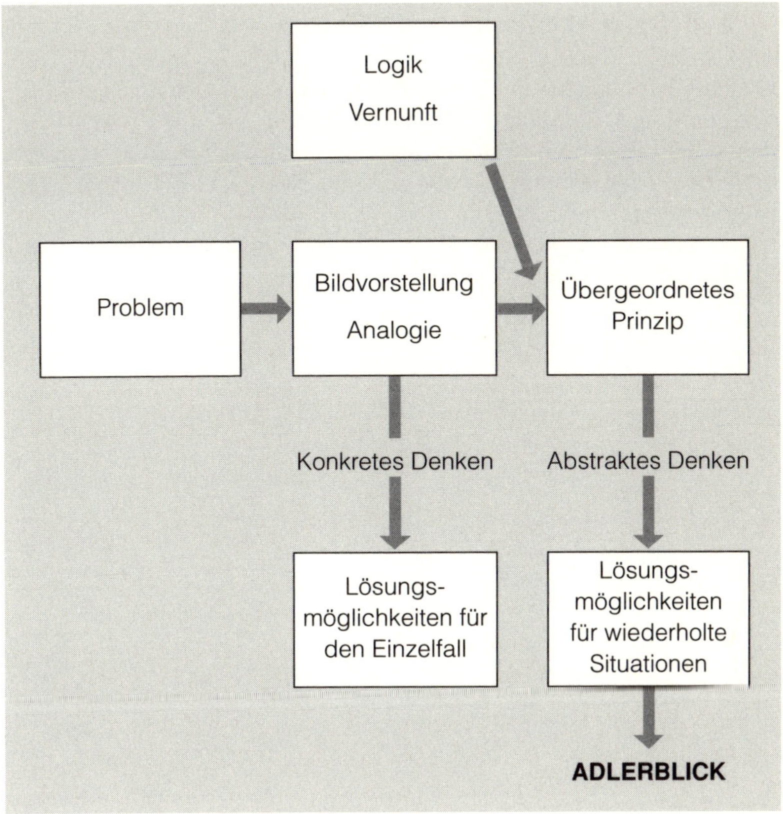

Dies formuliert Abbé Alphonse Louis Constant kurz und provokativ wie folgt:

Einbildungskraft mit der Vernunft verschmolzen ist Genie.

3. Beispiel «Unternehmens-Kultur»

Ob nun die Kombination der oben beschriebenen Geistesgaben Intuition und Logik im Alltag effektiv ist, zeigt sich erst in der jeweils konkreten Einzelsituation. Wie ein produktives Zusammenspiel in einem modernen Management-Betrieb aussehen kann, will die folgende Tabelle illustrieren.

Sie wurde erstellt vom Team der Unternehmensberatung Horst Rückle in Böblingen:

Unternehmens-Kultur Rational und intuitiv führen: eine neue Synthese?	
Rationales Führen	Intuitives Führen
Dominanz der linken Hirnhälfte (analytisch-rationales Denken – Zahlen) Quantitative Ziele (was?) Strategien (wie?) Planung Management-Systeme Instrumente wie – Organigramm – Stellenbeschreibung – Funktionendiagramm – Netzpläne	Dominanz der rechten Hirnhälfte (ganzheitliches, intuitives Denken – Bilder – Kreativität) Unternehmenspolitik/-philosophie Werte/Glauben/Traditionen Führungsgrundsätze Wertsysteme/Ethik: Klima Image «Helden» Rituale
Führen durch … Ziele setzen – Planen – Realisieren – Kontrollieren – Realisieren – Kontrollieren Produkt-Markt-Strategien Formale Organisationsstruktur Planungs- und Kontrollsysteme	Führen durch … Management by Wandering around – informelle Kontakte – mit den Leuten reden – Zuhören – Motivieren Qualifikation der Mitarbeiter Personalpolitik/Management - Entwicklung Führungsstil/-klima
Effiziente, straff organisierte Leistung/Produktion	Kreativität, Innovation, schöpferische Freiheit
Führungsmittel – Richtlinien – Organisationsregelungen – Anweisungen – Handbücher – Kontrollen – Hierarchie	Führungsmittel –Vorbild – Partizipation – Selbstgesteuerte Arbeitsgruppen – Kreative Teams –Job rotation/Job enrichment – Quality Circles
Gefahr: Bürokratie Überorganisation ⇨	Projektmanagement zur positiven Neuerungsbewältigung ⇦ Gefahr: Ineffizienz Chaos
⇨ Die Kombination von längerfristig gleichen, typischen Wertvorstellungen und Verhaltensweisen der Menschen in einer Unternehmung bestimmen die wahrnehmbare Unternehmenskultur. Deren Element beinhalten rationale Instrumente und ganzheitliche intuitive Wertvorstellungen, praktizierte Managementsysteme und Rituale.	

4. *Angewandtes Wissen macht klug*

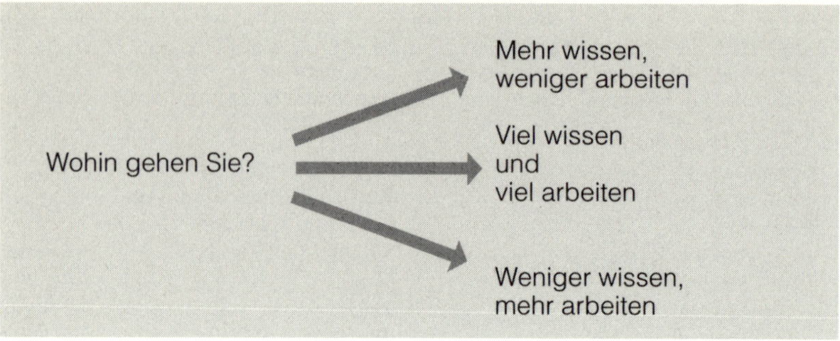

Sie haben sich bereits am Anfang des Buches etwas näher mit dem Thema «Wissen» befaßt: Schubladenwissen allein genügt nicht, solange man es nicht im Leben einordnen kann und den Überblick und die Zusammenhänge nicht erkennt. Selbst geordnetes Wissen hat noch keine großen Erfahrungswerte für uns. Wir möchten Ihnen einen Weg zur Erfahrung und zur daraus resultierenden Weisheit aufzeigen:

> Wenden Sie Ihr Wissen in der Praxis an!
> Setzen Sie es im täglichen Leben um, so oft und so gut es geht. Erst das angewandte Wissen macht klug; erst die Erfahrung lehrt uns, ob wir mit unseren Ideen von Überblick und Zusammenhang richtig liegen.

Stellen Sie sich vor, Sie nehmen den Motor eines Autos auseinander und sehen sich die Teile genau an. Dann wissen Sie, wie der Motor zusammengesetzt ist. Aber nur, wenn Sie die Teile in der Reihenfolge hinlegen, wie Sie sie abmontiert haben, sind Sie in der Lage, den Motor später wieder zusammenzubauen. Es genügt nicht, nur zu wissen, was wohin gehört; Sie müssen Ihr Wissen auch selbst umsetzen. Und dazu sollten Sie sich bereits beim Auseinanderbauen bildhaft vorstellen, daß und wie Sie die Teile später wieder zusammensetzen wollen. Sie arbeiten also mit bildhafter Vorstellung und Wissen («Einbildungskraft und Vernunft») in Kombination mit der praktischen Umsetzung beider Komponenten in konkrete Handlung.

Das ist es:

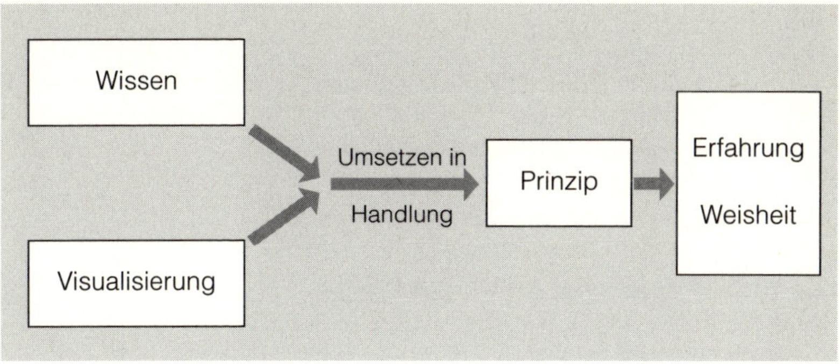

Aufgabe

A

Greifen Sie auf Ihre Notizen der letzten Aufgabe zurück, und versuchen Sie, sich eine Situation zu schaffen, wo Sie in der Realität diese oder eine ähnliche Anforderung erfüllen müssen: Halten Sie Ihre fiktive Rede in der Wirklichkeit!

(Notfalls stellen Sie sich selbst ein Thema und sprechen Ihre Rede auf Band – aber setzen Sie Ihre ganze bildhafte Vorstellungskraft ein, um sich ein anspruchsvolles imaginäres Publikum zu schaffen!)

B

Nach dieser praktischen Anwendung prüfen Sie folgende Gesichtspunkte:

Was werden Sie nächstes Mal genauso, was ganz anders machen?

Genauso:	anders:
1.	1.
2.	2.
3. ...	3. ...

(mindestens je 5 Punkte!)

C

Unter welchen Aspekten sind Sie klüger als vorher? Wo haben Sie an Erfahrung und an Überblick gewonnen?

1.
2.
3. ... (mindestens 5 Punkte!)

Wenn Sie so konsequent vorgehen, werden Sie Ihr Wissen automatisch

- mit sonstigen Informationen in Beziehung bringen,
- mit Ihren eigenen Erkenntnissen vergleichen,
- auf falsch und richtig beurteilen können,
- mit bisherigen Erfahrungen kombinieren,
- benutzen, um Schwerpunkte und Akzente zu setzen,
- genau einschätzen und positive Endresultate erwägen,
- in Handlungen umsetzen, die Überblick und Weisheit hervorbringen,

kurz: Sie werden Ihr Wissen, mit Einbildungskraft vernetzt, mehr und mehr in Handlungen umsetzen, die Sie auf dem Weg zum Genie deutlich vorwärtsbringen!

KAPITEL 7

So kommen Sie voran

«Ein angenehmes und heiteres Leben kommt nicht von äußeren Dingen, der Mensch bringt aus seinem Innern wie aus einer Quelle Lust und Freude in sein Leben.»

PLUTARCH

1. Die «positiven Tankstellen»

In Ihrem Unterbewußtsein haben Sie u.a. auch viele negative Eindrücke und Erfahrungen gespeichert. Deshalb ist es wichtig, daß Sie von Zeit zu Zeit Ihr inneres Stimmungskonto überprüfen. Wenn Sie ganz bewußt Positives denken und erleben, können Sie das Negative nach und nach erfolgreich zurückdrängen. Die positiven Elemente Ihres Unterbewußtseins sollten deutlich mehr als 50% ausmachen.

Aufgabe

A

In welchen Bereichen denken Sie überwiegend positiv?

1.
2.
3. ... (mindestens 10 Punkte!)

B

Wo holt Sie Ihr negatives Denken noch ein?

1.
2.
3. ... (mindestens 10 Punkte!)

Und wo können Sie sich nun mit positiven Gedanken und Energien auftanken? Da gibt es viele verschiedene Möglichkeiten. Denken Sie z.B. an Ihren letzten Urlaub, an eine schöne Landschaft, ein liebes Gespräch, um nur ein paar ganz einfache Wege aufzuzeigen. Auch die Auswahl Ihres persönlichen Fernsehprogramms kann ein Mittel dazu sein, hauptsächlich Schönes und Erbauliches zu genießen.

Versuchen Sie einmal eine Woche lang ganz bewußt, nur «positive» Sendungen anzusehen. Sie werden staunen, was Sie sich normalerweise zumuten und welche (negativen) Eindrücke sich fast unbemerkt in Ihrem Unterbewußtsein festsetzen!

Damit Sie nun noch tiefer in positive Schwingungen eintauchen können, stellen wir Ihnen die folgende

Aufgabe

A

Schreiben Sie die Zahlen von vier bis zu Ihrem heutigen Lebensalter untereinander auf einen großen Bogen Papier; jede Zahl entspricht einem Ihrer Lebensjahre.

Notieren Sie nun rechts daneben, an welche erfreulichen Ereignisse aus dem jeweiligen Jahr Sie sich erinnern können, z.B.

4 Jahre: Laubhütte gebaut, Tretroller bekommen
5 Jahre: Schildkröte zum Geburtstag bekommen
6 Jahre: erste Schulfreundschaft geschlossen
7 Jahre: in den Ferien beim Zelten gewesen
8 Jahre: neues Fahrrad bekommen usw.

Wichtig: Schreiben Sie wirklich nur positive Erlebnisse auf!

B

Erinnern Sie sich nun auch an Interessen, Wünsche und Dinge, die Sie als Kind gerne wissen wollten. Spüren Sie die Talente und Sehnsüchte von damals wieder auf! Erwecken Sie die kindliche Welt der Faszination, des Staunens und der Begeisterung wieder zu neuem Leben!

Was hat Sie in Ihrer Kindheit bewegt?

1.
2.
3. ... (mindestens 10 Punkte!)

C

Suchen Sie immer wieder nach weiteren positiven Erinnerungen aus Ihrer Vergangenheit, so lange, bis Sie die positivste Zeit in Ihrem bisherigen Leben aufgefunden haben.

Wann war das?

Tun Sie dann einige dieser positiven Dinge einfach wieder! Was hat damals eine Änderung bewirkt?

Lesen Sie die Liste unter a) immer wieder durch und lassen Sie die positiven Ereignisse Ihrer Vergangenheit tief in Ihr Bewußtsein eindringen. Vielleicht entdecken Sie sogar ein Prinzip hinter den Begebenheiten, die am meisten Eindruck auf Sie gemacht haben, und verstehen jetzt aus dem Überblick heraus auch den Grund dafür.

Je besser Sie sich selbst kennenlernen, umso besser und positiver können Sie mit sich, Ihrer Umgebung und Ihrem Leben umgehen:

Selbsterkenntnis ist ein wichtiger Schritt auf dem Weg zur Genialität!

2. Lassen Sie sich inspirieren!

Das größte Genie käme nicht weit, sagte Goethe im 83. Lebensjahr von sich, wenn es alles nur aus sich selbst schöpfen wollte:

> «Was bin ich denn selbst? Ich sammelte und benutzte alles, was mir vor Ohren, Augen und vor die Sinne kam. Zu meinen Werken haben Tausende von Einzelwesen das ihrige beigetragen, Toren und Weise, geistreiche Leute und Dummköpfe, Kinder, Männer und Greise, sie alle kamen und brachten mir ihre Gedanken, ihr Können, ihre Erfahrungen, ihr Leben und ihr Sein; so erntete ich oft, was andere gesät, mein Lebenswerk ist das eines Kollektivwesens, und dies Werk trägt den Namen eines Goethe.»
>
> *Aus: Dr. Heinz Kahle, Ihre persönliche Erfolgsstrategie: Richtig denken, planvoll arbeiten, Wohlstand erwerben, Ariston Verlag*

Und wovon lassen Sie sich inspirieren, liebe Leserin, lieber Leser?

Aufgabe

A

Machen Sie eine Liste von Dingen, Ereignissen, Situationen (Eindrücke aus Musik, Kunst, Natur usw.), die Sie inspirieren könnten:

1.
2.
3. ... (mindestens 20 Punkte!)

B

Ergänzen Sie die Liste täglich um fünf weitere Punkte, und ordnen Sie die Stichworte am Ende jeder Woche nach übergeordneten Aspekten:

Erkennen Sie Regeln, Prinzipien, Zusammenhänge zwischen Ihren Inspirationsquellen? Können Sie die Regeln übertragen, die Prinzipien im Alltag umsetzen?

Lassen Sie Ihre Inspirationen dabei helfen, den Alltag als Erfüllung zu erleben und Probleme schnell und einfach in den Griff zu bekommen. Seien Sie jederzeit offen für Gedankenbilder und geistige Spaziergänge.

Und eines Tages haben Sie dann einen persönlichen «Kronleuchter-Effekt», eine schlagartig eintretende Vision von einer Lösung oder einem langgesuchten Weg. So daß Sie vielleicht wie einst Nicola Tesla in Ihr Tagebuch schreiben können:

> «Als ich diese inspirierenden Worte rezitierte, kam mir die Idee wie ein Blitz aus heiterem Himmel, und die Wahrheit erschloß sich mir im Nu.»
>
> *(Aus: Harman/Rheingold: Die Kunst, kreativ zu sein, S.83)*

3. Nehmen Sie sich Zeit!

Wieviel Zeit können Sie erübrigen, um sich mit Genie-Gedanken zu beschäftigen?

Nehmen wir an, Sie können täglich zehn bis fünfzehn Minuten in diesem Buch lesen und damit arbeiten (die Aufgaben werden Sie geistig sowieso über diese Zeit hinaus beschäftigen, ist Ihnen das schon aufgefallen?).

Wappnen Sie sich mit Ausdauer und Beharrlichkeit für Ihre geistige Arbeit; der Spaß an den Übungen, Ihre persönlichen Erfahrungen und die einzelnen Erfolgserlebnisse werden Sie für den Zeitaufwand mehrfach entschädigen!

Je mehr Sie sich nun mit dem Genie-Studium befassen, um so eher werden Sie feststellen, daß Ihre Gedanken sich immer häufiger wie von selbst auf eine höhere Ebene des Daseins schwingen. Pflegen Sie diese innere Erhebung bewußt: Nehmen Sie sich täglich die Zeit, Ihren Geist adlergleich über das Alltagsbewußtsein hinaufsteigen zu lassen, seien es nur fünf Minuten beim Aufwachen, in der Mittagspause auf der Parkbank, abends in der Badewanne oder vor dem Einschlafen. Sei es, Sie nehmen ein gutes Buch zu Hilfe, schöne Musik, einen Spaziergang, autogenes Training oder gar Verliebtsein: Wichtig ist einzig und allein, daß Sie sich gezielt und regelmäßig in eine höhere Oktave des Seins einschwingen.

Aufgabe

Nehmen Sie sich in den nächsten drei Wochen jeden Tag jeweils zehn Minuten Zeit, um an diesem Buch zu arbeiten, und zehn Minuten, um Ihre innere Erhebung zu pflegen.

Notieren Sie täglich in kurzen Stichpunkten Ihre Eindrücke und Erfahrungen, und vergleichen Sie am Schluß Anfang und Ende dieser Lernphase miteinander.

Welches sind Ihre wichtigsten Erkenntnisse?

1.
2.
3. ... (mindestens 5 Punkte!)

Sie werden inzwischen festgestellt haben, daß es in Ihrem Leben Situationen und Ereignisse gibt, die Sie ganz von selbst über die Kleinigkeiten des Alltags erheben, ohne daß Sie sich dazu besonders anstrengen oder konzentrieren müßten. Sie gewinnen nämlich mit der Zeit einen immer einfühlsameren Blick – wenn Sie danach Ausschau halten – für die erhabenen Momente und Inspirationen, die einen Hauch von Bleibendem, Höherem, Genialem vermitteln: Ein Sonnenuntergang, eine Melodie, eine plötzliche Erkenntnis können unseren Geist für Augenblicke einfangen und in höhere Sphären erheben. Wenn Sie Ihre geistigen Antennen mehr und mehr für solche Erlebnisse aktivieren, werden Sie immer bewußter solche Momente der Harmonie, des Einsseins mit der Ewigkeit erleben:

In diesen Momenten sind Sie Genie!

4. Begeisterung

Je mehr Sie sich mit etwas befassen, um so größer wird Ihre Begeisterung dafür -

oder ist es umgekehrt?

Die Wahrheit liegt wohl in der Mitte: Engagement für eine bestimmte Sache schafft entsprechende Erfolge, diese verstärken Interesse und Begeisterung, und das wiederum intensiviert den tatkräftigen Einsatz.

Aufgabe

A

Wo liegen Ihre wichtigsten Interessen, Sehnsüchte, Wünsche?
Von was sind Sie «be-geist-ert»?

1.
2.
3. ... (mindestens 12 Punkte!)

B

Konzentrieren Sie sich je fünf Minuten lang auf die ersten drei (evtl. fünf) Punkte. Tauchen Sie ein in die Begeisterung; wie fühlt sich das an? Welche Bilder erscheinen in Ihrer Vorstellung?

Gibt es zwischen den Bereichen, für die Sie begeistert sind, verbindende Elemente oder gemeinsame Prinzipien?

Welche Empfindungen verbinden Sie mit dem Begriff «Begeisterung»?

1.
2.
3. ... (mindestens 5 Punkte!)

C

Sie haben in Kapitel 4 eine Prioritätenliste Ihrer persönlichen Schwerpunkte aufgestellt. Überprüfen Sie nun die Reihenfolge noch einmal und ändern Sie sie bei Bedarf. (Vielleicht wächst ja Ihre Begeisterung, Ihr Interesse für das Genie-Training, und es rückt ein paar Stellen vor?)

Übrigens bezeichnete Einstein sich selbst nicht als genial, sondern nur als «höchst interessiert» - sind Sie das auch???

5. Ballast abwerfen

Genialität gleicht hohen Bergen: Wer sie ersteigen will, muß Ballast abwerfen.

Wenn Sie inzwischen Feuer gefangen haben für das Genie-Studium (und das haben Sie zweifellos, sonst wären Sie nicht bis zu diesem Kapitel vorgedrungen!), dann haben Sie spätestens bei der letzten Aufgabe festgestellt, daß Sie dem Genialitäts-Training in Ihrer Schwerpunktliste einen Platz eingeräumt haben, den es vor einigen Wochen sicherlich nicht erreicht hätte. Und alles, was in der Rangfolge danach kommt, haben Sie quasi als Ballast auf Ihrem Weg nach oben, zum Adlerblick, bereits abgeworfen.

Sie befassen sich derzeit sehr zielstrebig mit Ihrer Charakterentwicklung. Und Sie sind dabei, einen Blick dafür zu entwickeln, was Sie inzwischen in Ihrem Alltag an konkreten Dingen oder an abstrakten Einflüssen nicht mehr brauchen können; z.B. wollen Sie nicht mehr jede Fernsehsendung sehen oder jeden hochgelobten Bestseller lesen, wie Sie das früher getan haben. Sie haben Interessanteres, Wichtigeres zu tun. Sie haben vielleicht auch Ihren Freundeskreis etwas verkleinert, weil Sie im Gedankenaustausch mit wenigen Gleichgesinnten bessere Fortschritte erzielen als im oberflächlichen Kontakt mit vielen Bekannten.

Sie machen sich im abstrakten und im konkreten Sinnn immer mehr frei von den selbstgewählten Zwängen und können denken und empfinden wie einst Sokrates, der eines Tages über den Marktplatz von Athen ging und bemerkte:

«Hier gibt es so viele Dinge, die ich derzeit gerade nicht brauche.»

Aufgabe

Überlegen Sie, wo Sie schon ganz deutlich «Ballast abgeworfen» haben, und zwar einerseits im konkreten, materiellen Sinn: z.B. kaufen Sie jetzt nur noch die Bücher, die Sie auch wirklich lesen, und Sie verschenken diejenigen, die schon seit Jahren unberührt und ungelesen im Regal stehen; andererseits im abstrakten, übertragenen Sinn: z.B. gehen Sie statt viermal in der Woche nur noch zweimal zum Einkaufen und sparen so mindestens zwei Stunden Zeit, die Sie wieder für Ihr Genie-Training verwenden können.

Nennen Sie eigene Beispiele:

a) Im konkreten, materiellen Sinn:

1.

2.

3. ... (mindestens 6 Beispiele)

b) Im abstrakten, übertragenen Sinn:
1.
2.
3. ... (mindestens 6 Beispiele)

Sie haben sich ja auch ganz direkt in bezug auf unerledigte Aufgaben schon von einigen Zwängen befreit (Kap. 4.4), und dadurch, daß Sie so manchen Punkt von Ihrer Arbeitsliste gestrichen haben, konnten Sie mehr Zeit und Gedankenfreiheit für sich schaffen.

Indem Sie sich so auf Neues einstellen, ziehen Sie automatisch Neues an: neue Ideen, neue Erkenntnisse, neue Umsetzungen; und all das wiederum ruft mit der Zeit neue Begabungen in Ihnen hervor!

Aufgabe

Setzen Sie folgende Kette von Tätigkeiten in einem beliebigen Bereich Ihres Lebens in die Praxis um, und beobachten Sie, was für Ergebnisse Sie damit erzielen:

1. Tun Sie weiterhin das, was Sie bisher getan haben, aber setzen Sie deutliche Prioritäten, was Ihnen daran wirklich wichtig ist: Werfen Sie Ballast ab!

2. Machen Sie Ihre Arbeit mit spürbar mehr Geschicklichkeit!

3. Machen Sie die Geschicklichkeit zur Meisterschaft und gewinnen Sie daraus an Intelligenz und Einsicht!

4. Benutzen Sie Ihre erweiterte Intelligenz zu neuen Nachforschungen und zu noch größerer Begeisterung!

5. Setzen Sie die Begeisterung um in Tätigkeit und neues Engagement!

6. Steigen Sie mit dieser Tätigkeit wieder am Anfang der Kette ein, doch diesmal auf einem deutlich höheren Niveau des Erlebens: Sie haben sich inzwischen verändert!

Was Sie erreicht haben, sind mehr Arbeitsfreude und Motivation auf der einen Seite, aber auch neue Erkenntnisse und Einsichten auf der anderen Seite:

Sie arbeiten sich spiralförmig nach oben in Richtung Adlerblick!

KAPITEL 8

Wie entwickelt sich ein Genie?

«Allerwärts klagt der Mensch
Natur und Schicksal an,
und sein Schicksal ist doch in der
Regel nur Nachklang seines
Charakters, seiner Leidenschaften,
Fehler und Schwächen.»

DEMOKRIT

1. Glauben Sie an sich selbst!

Sie möchten die genialen Züge Ihrer Persönlichkeit ans Licht holen und verstärken. Und wir versuchen, Ihnen aufzuzeigen, was Sie dazu tun können, um den Weg zum Genie schneller und effektiver aufzuspüren. Sie haben gesehen, verehrte Leserin, verehrter Leser, daß wir im Laufe des Buches immer wieder auf eine ganz zentrale Technik zu sprechen kommen, die eine wichtige Rolle spielt:

Die Technik des Visualisierens.

Doch lassen Sie uns hier langsam vorgehen. Was wir bisher im groben Überblick und zuweilen recht abstrakt dargestellt haben, soll nun für Sie in kleine, leichtverdauliche Portionen aufgeteilt und in effektive Übungen verpackt werden. Fangen wir mit dem Wichtigsten an: Sie wollen ein Genie werden.

Einen großen Schritt in Richtung Genialität haben Sie bereits getan, indem Sie sich mit diesem Thema und mit diesem Buch befassen. Glauben Sie ganz fest an sich, an Ihre Begabungen und an Ihr großes Ziel:

Sie werden genial sein!

Die Ansatzpunkte zum Genie trägt jeder von uns in sich, auch und gerade Sie: Klugheit, Tatkraft, Wissensdurst, Erkenntnissuche, Phantasie, Kombinationsgabe, Inspiration, etwas Bauernschläue, Optimismus, Intuition etc.; und je mehr Sie diese Eigenschaften bewußt pflegen und fördern, um so eher werden Sie das Genie-Sein wenigstens in Ansätzen begreifen können.

Wichtig ist die gezielte praktische Umsetzung dieser Vorgaben: Sie lernen, etwas Bestimmtes zu wollen und gedanklich vorzubereiten, dieses auch zu tun, Ihre Resultate auszuwerten und da weiterzumachen, wo Sie erfolgreich sind: und zwar auf einer höheren Ebene, mit klarerer Sicht.

Schon Salomo sagte: «Wissen, wollen, wagen, schweigen.» In dieser Reihenfolge. Auf Ihr Ziel «Genialität» übertragen, bedeutet dies: Sammeln Sie zunächst Wissen; Wissen über sich selbst, über andere Genies, über geniale Eigenschaften usw. Dann wagen Sie den Schritt zur Umsetzung und zielgerichteten Handlung. Sie wollen Ihr Ziel erreichen und kreieren entsprechende Bildvorstellungen, lesen, fragen, diskutieren, lösen die hier gestellten Aufgaben etc. Und wenn Sie durch Ihr Vorgehen an Einsicht und Weisheit gewonnen haben - schweigen Sie sich über das Ergebnis vorerst aus.

Solange Sie mit kleineren Zwischenzielen arbeiten, gilt es an dieser

Stelle, Ihre Erfahrungen wichtig zu nehmen und möglichst genau festzuhalten. Notieren Sie Ihre Einsichten, entdecken Sie Zusammenhänge: Warum, wie, wie schnell, auf welchen (Um-)Wegen, unter welchen Voraussetzungen haben Sie ihr Ziel erreicht? Entdecken Sie die Prinzipien, die Sie zum Genie-Sein führen!

Die Suche nach Genialität verläuft ähnlich wie ein Puzzle-Spiel: Hier ein Lichtblick, dort eine Entdeckung, da eine Einsicht oder eine neue Erfahrung: Auch wenn die Teile vielleicht anfangs noch nicht zusammenpassen, bleiben Sie geduldig und glauben Sie fest daran, daß Sie Ihr Ziel erreichen werden! Sie werden bald feststellen, daß Ihr Verständnis wächst, je konsequenter Sie mit Fleiß und Ausdauer auf Ihrem Weg bleiben: Immer mehr Teile ergeben immer größere Zusammenhänge. Die Ergebnisse lassen sich als Prinzip übertragen, und Sie suchen immer gezielter nach den fehlenden Stücken.

Aufgabe

Um den Mechanismus dieses Puzzle-Spiels deutlich zu machen, benutzen wir ein ganz banales Beispiel aus dem Alltag:

Nehmen Sie sich ein x-beliebiges Kreuzworträtsel vor. Versuchen Sie zehn Minuten lang, möglichst viele Begriffe zu finden. Wenn Sie nicht gerade ein totaler Rätsel-Freak sind, werden sicher ein paar Lücken bleiben.

Beobachten Sie Ihr Vorgehen, die Vernetzungen und die Lichtblicke, die sich durch «Über-Sicht» ergeben. Ein gefundenes Wort macht die Suche nach dem nächsten bedeutend leichter ...

Und jetzt lesen Sie dieses Kapitel noch einmal, vor allem den letzten Teil («Die Suche nach Genialität verläuft...»).

Die lückenlose Genie-Erkenntnis per Visualisierung ist dann, wenn viele oder gar alle Puzzle-Informationen zueinander und (wichtig!) zu Ihnen passen.

Das bezeichnen wir als «Kronleuchter-Effekt», das Aufblühen wahrer Genialität.

2. Die «geistige Inkubationszeit»

Was haben ein Puzzle-Spiel und ein Kreuzworträtsel gemeinsam? Sie erfordern Zeit und Geduld, ein gewisses Grundwissen sowie Phantasie und Vorstellungsvermögen.

Auch Sie werden über dieses Buch hinaus Zeit und Geduld investieren müssen und einiges mehr an Anregungen benötigen, als der Alltag Ihnen bieten kann. Deshalb schlagen wir Ihnen hier vor, sich einmal genauer mit der «Inkubationszeit» bereits anerkannter Genies zu befassen.

Wie sind denn große Persönlichkeiten (Erfinder, Techniker, Ärzte, Redner, Naturwissenschaftler usw.) zu Genies geworden? Wohl finden wir bei Schiller, Goethe, Paracelsus, Shakespeare, Edison, Newton u.a. genügend Ansatzpunkte; doch das Wesentliche, was ein Genie ausmacht, wurde in der Literatur nie genau beschrieben. Deshalb gilt es für Sie, diese Ansatzpunkte als kostbares Ausgangsmaterial zu sammeln, zu vergleichen und soweit wie möglich auf anderes zu übertragen.

Aufgabe

A

Wählen Sie sich mindestens fünf geniale Persönlichkeiten der Vergangenheit aus. Lesen Sie deren (Auto-)Biographien und versuchen Sie herauszufinden, *wie* diese Großen zu Genies geworden sind. Welche genialen Eigenschaften haben Sie erkannt?

1.
2.
3. ... (mindestens 5 Eigenschaften pro Person!)

Gibt es Prinzipien, Gesetzmäßigkeiten?

B

Legen Sie sich in Ihrem Arbeitstagebuch eine Rubrik für wesentliche Genie-Eigenschaften und -Voraussetzungen an und versuchen Sie, diese täglich um einen Aspekt zu erweitern.

C

Stellen Sie sich eine geniale Persönlichkeit genau vor und halten Sie deren Bild drei bis fünf Minuten lang vor Ihrem inneren Auge. Lassen Sie diese Person durch verschiedene Szenen und Lebensabschnitte gehen.

Wenn Ihnen das nicht auf Anhieb gelingt, sehen Sie sich bei nächster Gelegenheit einen Film über ein Genie an, z.B. «Die zehn Gebote» (Moses), «Gandhi», «Caesar und Cleopatra», «Jesus Christ Superstar» (und andere Jesus-Filme), «Jeanne d'Arc» usw.

Danach fällt es Ihnen leichter, spielerische Phantasiereisen zu unternehmen.

All diese Persönlichkeiten haben einen langen Weg zurückgelegt, bis sie (oft auch erst von der Nachwelt) als genial angesehen wurden. Deshalb lassen Sie sich Zeit, bleiben Sie am Ball und halten Sie Ihre Augen offen (und die anderen Sinne natürlich auch!):

Sie können unterwegs, auf dem Weg zum Genie, am Wegrand die schönsten Edelsteine an Erfahrung und Erkenntnis entdecken und sammeln.

3. Das kindliche Gemüt

Der leichteste Einstieg auf dem Weg zur Genialität ist die Vereinfachung. Viele Genies und wahre Geistesgrößen erkennen wir an der Einfachheit der Mittel, die sie benutzen. Darüber hinaus haben sich die meisten von ihnen ein geradezu kindliches Gemüt bewahrt: Sie sind frei von Überheblichkeit und Selbstüberschätzung, dafür aber neugierig, bescheiden und äußerst begeisterungsfähig.

Ein solches Genie war z.B. Galileo Galilei: kindlich, einfach, beharrlich und natürlich. Er wollte weder das Fernrohr erfinden noch die naturwissenschaftlichen Dogmen seiner Zeit widerlegen, er wollte in aller Bescheidenheit nur das Wirken Gottes in der Natur erforschen. Deshalb ließ er sich weder täuschen noch beeinflussen. Er glaubte und bewies schließlich, daß sich die Erde um die Sonne dreht, obwohl alle anderen Menschen das Gegenteil behaupteten. Doch er hielt sich an das, was er selbst ausprobiert hatte. Was die anderen dachten, war ihm so egal wie einem spielenden Kind auf der Straße.

Auch Thomas Alpha Edison schätzte das Wunderwerk eines Grashalms höher als die Summe seiner eigenen Erfindungen. Das ist die Bescheidenheit, die wahre Genialität ermöglicht, und gleichzeitig die Quelle innerer Überlegenheit.

Das kindliche Gemüt hängt natürlich zusammen mit der oben bereits vorgestellten Fähigkeit zum Bilderdenken: Je unbelasteter die Einstellung gegenüber einer Person oder Situation, um so spontaner die Assoziation, bildhafte Vorstellung und Reaktion.

In manchen Berufen hat die Fähigkeit, einfach, unbelastet und in bildhaften Vorstellungen zu denken, einen hohen Stellenwert. Lassen Sie sich z.B. von einem Ingenieur oder Techniker etwas erklären: Er wird als erstes mit ein paar Strichen eine Zeichnung machen, und mit deren Hilfe wird er die Antwort genauestens erläutern. Das ist einfaches bildhaftes Denken und zugleich dessen praktische Umsetzung.

Aufgabe

Stellen Sie sich vor, Sie müßten jemandem Ihren Tagesablauf vom kommenden oder vergangenen Samstag erklären. Machen Sie dazu ein Bild, eine Skizze. Das kann z.B. so aussehen:

Ausschlafen----Frühstück------Einkaufen----Besuch bei Oma---...
8.00------9.00------10.00------11.00------12.00------13.00--...

Machen Sie zunächst eine ganz einfache Zeichnung. Im zweiten Anlauf versuchen Sie dann, das Bild anspruchsvoller und komplexer zu gestalten (z.B. mit welchen Personen waren Sie jeweils zusammen etc.).

Werden Sie also in Ihrer Denkweise zunächst wieder Kind. Sobald Sie das einfache, bildhafte Denken regelmäßig betreiben, eröffnet sich Ihnen eine neue, farbenprächtige Welt; es ergeben sich zahllose Möglichkeiten für Faszination, Kreativität, Kombinatorik, Einfallsreichtum und Lösungsansätze.

Hier wollen wir noch einmal auf König Salomo zu sprechen kommen: Er hat sich bei allem Erfolg ein solch kindliches Gemüt bewahrt. Weil er Weisheit und Glauben besaß, strömte ihm viel Wissen automatisch zu. Leichter als ein Kind mit Kieselsteinen spielt, mehrte er den Reichtum Israels wie kein anderer König vor und nach ihm. Doch am Ende seines Lebens war er der Meinung, daß seine Weisheit zu Nichts verblasse im Angesicht der Weisheit Gottes, deren Anfänge seit Ewigkeiten in den Naturgesetzen walten.

Der Tempel Salomos, der die letzten geheimen Zugänge zu diesen Naturgesetzen enthält, ist denn auch in seiner Anordnung bis heute eines der bestgehüteten Geheimnisse aller Freimaurer weltweit.

4. «Neue Ideen braucht das Land»

Sie haben es beim Lösen der letzten Aufgabe wahrscheinlich schon festgestellt: Auf dem Weg zum Genie ist eine neue Denkweise angesagt. Phantasie, Einfühlungsvermögen, sogar ein gewisses Gespür für das Außergewöhnliche: Das sind die Wege, die uns von der Basis des kindlich-einfachen Gemüts hinauf in die Höhen genialen Denkens bringen. Aus den variablen Spielarten des Kreativitätstrainings wissen wir, daß es gerade ungewöhnliche Betrachtungsweisen und gegensätzliche Denkarten sind, die neue, überraschende Lösungsmöglichkeiten aufzeigen.

Die Wissenschaftler sind sich einig,

> «...daß die Mehrzahl aller neuen Einfälle, Gedanken, Ideen in Wahrheit nichts anderes sei als das Resultat einer Verbindung von zwei oder noch mehr bereits bekannten Tatsachen.»
>
> *(Aus: Robert Jungk: Die Zukunft hat schon begonnen, S.298)*

Denken Sie nur an ein Kaleidoskop, wo Sie aus den immergleichen Teilen durch Variation der Zusammensetzung ständig neue Muster kreieren.

So bilden auch wissenschaftlichen Untersuchungen zufolge

> «...die einander hundertfach überschneidenden ‹Nervenpfade› der Hirnrinde während der Denkvorgänge immer neue ‹Muster›. Je ungewöhnlicher aber diese dreidimensionalen ‹Arabesken› und ‹Patterns› sind, desto origineller ist der Einfall...»
>
> *(ebenda, S.297)*

Das bedeutet für uns: Neue Ideen und Wege sind im Grunde nur phantasievolle und kreative Verknüpfungen und Weiterführungen von altbekannten Elementen!

Unter diesen Prämissen kann man Jules Verne durchaus schon als Genie bezeichnen. Er war zweifellos ein äußerst erfolgreicher Schriftsteller. Seine wissenschaftlich-phantastischen Romane gehören zu den meistübersetzten Werken der französischen Literatur. Er konnte seine Leser faszinieren, er konnte sie entführen in Bereiche der Phantasie, die sie von sich aus niemals für möglich gehalten hätten. Jules Verne erschuf Bilder und Szenarien, die uns auch heute noch mit Staunen und Faszination erfüllen. Er erweckt unsere Einfühlungskraft und unser Gespür für das Außergewöhnliche, beides Eigenschaften, die ein Genie-Anwärter intensiv pflegen und möglichst oft in seinem Alltag umsetzen sollte.

Seine größten Erfolge hatte Jules Verne mit seinem Vorstoß in seinerzeit noch unbekanntes technisches Niemandsland: «Reise zum Mittelpunkt der Erde» (1864), «Eine Reise zum Mond» (1865), «20 000 Meilen unter dem Meer» (1870), «In 80 Tagen um die Welt» (1873). Er lenkte seine Phantasie in unbekannte Welten und bewegte sich in gerade noch logischer Abfolge ein großes Stück über das seinerzeit Machbare hinaus. Er hat es gewagt, mit Logik und Vorstellungskraft das Unbekannte jenseits des Alltags zu formulieren.

Ein paar Jahrzehnte später las Wernher von Braun als Kind die «Reise zum Mond». Die darin beschriebene Rakete war technisch und naturwissenschaftlich durchaus vorstellbar. Nach dem Krieg baute er mit Hilfe der Amerikaner eine Mondrakete, die den Erdtrabanten tatsächlich erreichte, und als Mitarbeiter der NASA hatte er großen Anteil an der technischen Entwicklung des gesamten amerikanischen Raumfahrtprogramms. Wernher von Braun konkretisierte und realisierte Jules Vernes phantastische Vorstellungen in der Wirklichkeit.

Auch das Unterseeboot ist eine Erfindung von Jules Verne; und das erste tatsächlich gebaute U-Boot wurde denn auch nach der «Nautilus» in seinem Buch «20 000 Meilen unter dem Meer» benannt.

Aufgabe

Wagen Sie sich vor ins Unbekannte: Verfassen Sie einen kurzen Science-Fiction-Text (etwa 2 bis 3 Seiten). Suchen Sie sich ein beliebiges Thema, eine faszinierend andere Idee: neu soll sie sein, ungewöhnlich, über den heutigen Alltag hinausgehend, morgen oder übermorgen technisch machbar, logisch nachvollziehbar und – als Wichtigstes – heute von Ihnen vorstellbar und mit Phantasie erschaffbar.

Je mehr Sie das Unbekannte in irgendeiner Spielart ihres kreativen Geistes formulieren können, desto eher steigen Sie auf in die faszinierenden Denksphären der Genies. Lassen Sie den Alltag hinter sich, lassen Sie ihn für eine kurze Zeit «sterben», und kreieren Sie eine neue, unbekannte Welt.

Um mit Goethe zu sprechen:
«Und so lang du das nicht hast,
Dieses: Stirb und werde!
Bist du nur ein trüber Gast
Auf der dunklen Erde.»

5. Selbsterkenntnis und Rollenspiel

Um ein Genie zu werden, müssen Sie einerseits Ihre derzeitigen Kräfte und Möglichkeiten, andererseits auch Ihre Ziele und Vorstellungen genau kennen.

Was wollen Sie überhaupt?

Erkennen Sie sich selbst, und Sie werden es viel leichter haben, Ihre Ideen umzusetzen. Nehmen wir als Beispiel Ihre berufliche Situation:

Aufgabe

A

Erinnern Sie sich an Szenen aus Ihrem Leben, wo Sie irgendeine Tätigkeit bewundert haben? Suchen Sie in Ihrem Gedächtnis möglichst viel motivierendes Bildmaterial. Denken Sie an alle Berufsgruppen, denen Sie einmal bei der Arbeit zugesehen haben. Suchen Sie die Könner; was hat Ihnen besonders gut gefallen? Wer oder was wären Sie gerne?

1.
2.
3. ... (mindestens 7 Ideen!)

Was ist das gemeinsame Prinzip der von Ihnen bewunderten Tätigkeiten?

Prinzip: ...

B

Gehen Sie noch einen Schritt weiter: Suchen Sie in Büchern und Filmen nach interessanten Rollen. Wo könnten Sie sich hineindenken? Welche Rollen passen zu Ihnen?

1.
2.
3. ... (mindestens 7 Rollen!)

Suchen Sie sich «Vor-Bilder», deren Lebensweg und Schicksalsverflechtungen auffallend geniale Eigenschaften zutage gefördert haben; vielleicht fühlen Sie sich angesprochen von Persönlichkeiten wie Robert Koch, Mutter Teresa, Albert Schweitzer, Goethe, Leibniz, Leonardo da Vinci, Hildegard von Bingen? Suchen Sie selbst nach entsprechenden Charakteren, notieren Sie jeweils deren hervorstechendste Genie-Eigenschaft:

Name:	Eigenschaft:
1.	1.
2.	2.
3. ... (mindestens 5 Punkte!)	3. ...

C

Vergleichen Sie diese genialen Fähigkeiten mit den Eigenschaften, die Sie in Kapitel 8.2 b) aufgelistet haben. Welche davon wollten Sie gerne in Ihr jetziges Leben integrieren, so daß Sie besser, begeisterter und motivierter handeln als vorher?

An dieser Aufgabe werden Sie feststellen: Je öfter Sie sich damit befassen, um so deutlicher wird sich im Laufe der Zeit ein Weg herauskristallisieren, der Sie in Richtung Traumberuf führen kann. Sie befassen sich gedanklich mit Ihrer «Traumrolle» und leben sich an kleinen, ungefährlichen Beispielen langsam in Ihre neue Welt ein. Träumen Sie ruhig von Umsetzungsmöglichkeiten, kleben Sie nicht an Details und Ereignissen, sondern suchen Sie Erfolgsprinzipien. Alles ist gestaltbar: Werden Sie erfinderisch!

Sie werden ganz von selbst Gemeinsamkeiten mit Ihrer jetzigen Welt feststellen - und viele Ansatzpunkte, von denen aus Sie sich weiterentwickeln und auf Ihr Ziel zubewegen können.

Sie müssen von dem, was Sie tun, überzeugt sein; und ideal ist es, **wenn** das äußere Tätigkeitsfeld mit den inneren Impulsen übereinstimmt.

KAPITEL 9

Auf dem Weg zur Praxis

«Erfahrung ist das teuerste Gut.»

Benjamin Franklin

1. Geniale Eigenschaften…

Inzwischen haben Sie sicherlich in Ihrem Arbeitsbuch einige Eigenschaften und Fähigkeiten aufgelistet, die Sie als unerläßlich für ein Genie betrachten. Einige davon, die wir für besonders wichtig halten, möchten wir an dieser Stelle noch einmal hervorheben:

Auf die *UNBESCHWERTHEIT DES GEISTES* haben wir im vorigen Kapitel schon hingewiesen. Natürlich läßt sich der Vorteil eines kindlich einfachen Gemüts auch auf unseren bildhaften Vergleich übertragen: Ein unbefangenes Herz erhebt sich nun einmal viel leichter in geistige Höhen zum Adlerflug. Bringen Sie die nötige Geduld auf, Ihre Unbefangenheit und kindliche Denkweise wiederzuentdecken, und wie von selbst wird sich auch Ihre *VORSTELLUNGSKRAFT* aufs phantasievollste verwirklichen. Wenn es Ihnen nicht auf Anhieb gelingt, so warten Sie in Ruhe ab; das kann durch nicht sofort bewußte Erkenntnisse und Erfahrungen zu besseren Fortschritten führen als übereifrige Intelligenz.

Übereifer schadet also, doch die richtige Portion *BEGEISTERUNG* bringt Sie voran: Wenn Sie genügend innere *MOTIVATION* haben, sich mit einem Thema immer und immer wieder zu befassen, stellen sich die Fortschritte automatisch ein. Entwickeln Sie *ENTHUSIASMUS* und *UNTERNEHMUNGSGEIST,* dann werden Sie auch immer genügend *ENERGIE* für die Umsetzung in konkrete Handlung zur Verfügung haben. Wie Sie Ihre Motivation aufbauen, erhalten und verstärken können, werden wir Ihnen in einem der folgenden Kapitel noch genauer erläutern.

Der nächste wichtige Aspekt ist das *GLEICHGEWICHT* im Alltag: Sie müssen Ihr Leben ausbalancieren und harmonische Ausgeglichenheit schaffen, damit die Basis stimmt und Sie auch im Alltag genügend Zeit finden für Ihr inneres Wachstum und Ihre geistigen Fortschritte. Schalten Sie Ihr *EMPFINDUNGSVERMÖGEN* ein, und lassen Sie ruhig auch eine gesunde Portion *PERFEKTIONISMUS* zum Zuge kommen, damit Sie Wichtiges von Unwichtigem trennen und das Wichtige zügig und effektiv erledigen können. Machen Sie sich noch einmal klar, daß alle Naturgesetze und alle Wissenschaften letztendlich auf dem dualen Gesetz des Gleichgewichts basieren.

An dieser Stelle haben wir zwei weitere wesentliche Punkte berührt: Sie müssen einerseits nicht nur über Empfindungsvermögen verfügen, sondern auch über genügend *(ERFAHRUNGS-)WISSEN,* um Situationen einzuschätzen und Entscheidungen zu treffen; andererseits brauchen Sie die nötige *TATKRAFT,* um diese Entscheidungen dann auch in zielgerichtete Handlung umzusetzen.

Haben Sie den *MUT,* Ihre Überzeugungen zu realisieren, auch wenn Sie dafür in Ihrer Umgebung nicht immer Verständnis ernten.

Entwickeln Sie gerade anfangs genügend *GEDULD* und *AUSDAUER,* um auch die kleinen Fortschritte zu registrieren. Seien Sie *NEUGIERIG,* sammeln Sie die kleinsten Portionen an Wissen und Erfahrungen, wo immer es Ihnen möglich ist. Wer sich mit Beharrlichkeit und *OPTIMISMUS* an große Aufgaben macht, wird feststellen, daß er den Berg in kleine Stücke zerlegen und auf diese Weise schlußendlich doch versetzen kann.

Ein wichtiger Weg, um Berge und kleine Hindernisse zu bewältigen, ist *FLEXIBILITÄT* im Denken: Suchen Sie einfache, sanfte Wege; lösen Sie Probleme nicht durch Hau-Ruck-Methoden, sondern indem Sie sie umgehen, vermeiden, ab- oder umlenken, intelligent lösen, durch Alternativen ersetzen, enttarnen - oder einfach akzeptieren und abwarten. Setzen Sie Ihre ganze *VORSTELLUNGSKRAFT* ein; gehen Sie am Fuß Ihres Problemberges auf und ab, und Sie werden sehen, daß es mehr als einen Zugang gibt. Wenn Sie mehrere Lösungsansätze haben, wählen Sie den einfachsten, offensichtlichsten.

Ein weiterer Aspekt dieser geistigen Beweglichkeit ist das *DENKEN IN GEGENSÄTZEN,* um so neue, überraschende Möglichkeiten zur Bewältigung von Schwierigkeiten aufzutun. Durch Gegensatzdenken erheben Sie sich über die ursprüngliche Problematik hinaus in die Vogelperspektive, Sie fliegen um den Berg herum, betrachten ihn von allen Seiten und finden mit Sicherheit eine passende Lösung.

Der nächste Schritt ist dann, den *ÜBERBLICK* zu schaffen und die dahinterstehenden *PRINZIPIEN* zu erkennen. Fliegen Sie einmal oben über den Problemberg hinweg: Warum steht er überhaupt da? Kennen Sie ähnliche Berge? Und wie haben Sie diese überwunden? Es gilt immer wieder zu fragen: Was ist das gemeinsame Prinzip der Situationen, die Sie erleben, und der Probleme, mit denen Sie zusammentreffen? Entwickeln Sie eine gesunde *URTEILSFÄHIGKEIT,* um hier brauchbare Antworten zu finden!

Dies, verehrte Leserin, verehrter Leser, ist eine (sicherlich subjektive und unvollständige) Auflistung der wichtigsten Genie-Eigenschaften.

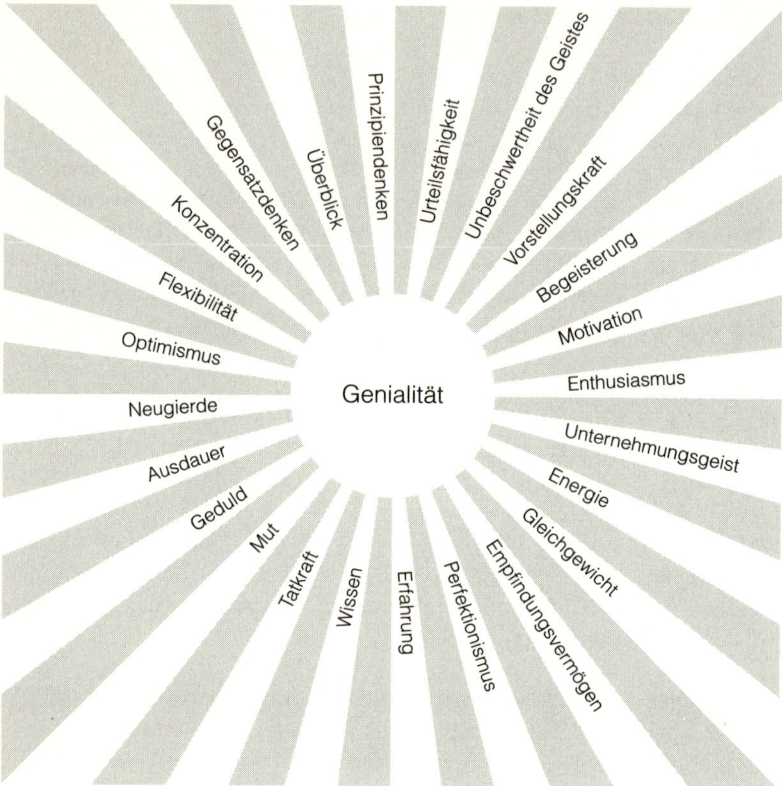

Aufgabe

A

Ergänzen Sie diese Aufzählung um ein paar Eigenschaften, die Sie im Laufe Ihres Genie-Studiums herausgefiltert haben:

1.
2.
3. ... (mindestens 5 weitere Genie-Eigenschaften!)

B

Versuchen Sie, eine Reihenfolge zu definieren: Welches sind Ihrer Ansicht nach die wichtigsten Genie-Eigenschaften?

1.
2.
3. ... (bis 10 Eigenschaften)

In den folgenden Kapiteln werden wir uns noch intensiv mit weiteren wichtigen Voraussetzungen befassen.

2. ...und ihre Umsetzung im Alltag

All diese eben genannten Eigenschaften basieren zum großen Teil auf bildhaftem Denken und Intuition. Die Umsetzung in den Alltag kann sich nun auf verschiedenen Ebenen vollziehen:

Zunächst einmal kommt es auf eine prägnante Zielsetzung an. Auch hier hat ein einfaches Modell den höchsten praktischen Wert: Sie brauchen nicht in Gedanken mit Unmengen von Informationen zu jonglieren; Sie benötigen lediglich eine klar umrissene Zielvorgabe. Diese läßt sich z.B. wie folgt erfassen:

- Erweiterung der bisherigen Erfolge
- Korrektur der früheren Fehler
- Änderungen in der Planung aufgrund neuer Erkenntnisse und Erfahrungsauswertung

Aufgabe

Nehmen Sie sich die aktuelle Fassung Ihrer «Prioritätenliste der persönlichen Schwerpunkte im Leben» vor (Kapitel 7.4 Aufgabe c), und greifen Sie willkürlich einen Punkt heraus, z.B. denjenigen, der an dritter (oder fünfter oder siebter...) Stelle steht.

A

Welche großen Erfolge hatten Sie bisher in diesem Bereich?

1.
2.
3. ... (mindestens 5 Erfolge!)

B

Welche Fehler haben Sie gemacht?

1.
2.
3. ... (mindestens 5 Punkte!)

C

Was werden Sie in Ihrem Vorgehen und Ihrem Verhalten diesbezüglich ändern?

1.
2.
3. ... (mindestens 5 Punkte!)

Formulieren Sie die letzten Antworten als kurze, prägnante Zielvorstellungen und notieren Sie diese auf ein Blatt Papier. Legen Sie das Blatt unter Ihr Kopfkissen und lesen Sie es in der nächsten Woche jeden Abend vor dem Einschlafen aufmerksam durch.

Sie werden im Laufe Ihrer Arbeit mit diesem Buch festgestellt haben, daß Sie automatisch die Nebensächlichkeiten in Ihrem Leben reduzieren und sich auf das Wesentliche konzentrieren: Es kommt darauf an zu trennen: Was ist dringend - was ist wichtig? Welche Bedeutung haben diese Elemente für Sie und Ihr Leben?

Und dann erledigen Sie das Wichtige vor dem Dringenden und später erst die dringenden Aufgaben je nach ihrer Gewichtung. Wenn Sie zu viel zu tun haben, nehmen Sie sich trotzdem erst die Zeit und ordnen alles nach dem Wichtigkeitsgrad. Das relativiert die Bedeutung vieler Aufgaben sehr, und Ihr Leben erhält schrittweise eine neue Ordnung.

Sie werden immer wieder Arbeiten finden, auf die Sie ohne Risiko verzichten können, tun Sie das dann auch! Bisher hätten Sie sich dazu wahrscheinlich nicht durchgerungen, jetzt wissen Sie, daß Sie es wollen und können!

Bei vielen Menschen gestaltet sich Wissen nur langsam in Handlung um, Handlung dann nicht immer in Ergebnisse, Ergebnisse nicht immer in neue Motivation. Trotzdem sollten Sie als Genie-Anwärter weiterhin konsequent das umsetzen, was Sie für sich als richtig erkannt haben. Ihre innere Klarheit und Überzeugung werden zur positiven persönlichen Ausstrahlung, und das wird Ihnen schon bald in vielen Kleinigkeiten zugute kommen.

Der Wert Ihres Wissens steigt denn auch mit der Verwertbarkeit in der Praxis des Alltags. Die meisten Menschen haben heutzutage ein großes Schulwissen («Schubladenwissen») angesammelt und wenig darüber erfahren, wie es umgesetzt werden kann; andererseits haben sie schon viele Erfahrungen im Leben gemacht, ohne die nötigen Schlüsse daraus zu ziehen. Wir müssen zu einem Ganzheitsdenken gelangen, das es uns ermöglicht, Schulwissen und Bücherwissen mit Erfahrungen, Intuitionen und Gedankenbildern zu verknüpfen.

Im Grunde können Sie all diese angesprochenen Eigenschaften und geistigen Bereiche gar nicht strikt voneinander trennen; sie sind auf vielen Ebenen automatisch miteinander vernetzt, doch ist uns das nicht immer bewußt. Wie Sie diese Verbindungen erkennen, durch gezieltes Training Ihrer Kreativität ausbauen und effektiv für sich nutzen können, werden wir Ihnen im folgenden noch genauer beschreiben.

KAPITEL 10

Die Lerntechniken

«Übung macht den Meister.»

VOLKSWEISHEIT

1. Konzentration

Bei Ihren Visualisierungsübungen haben Sie sicherlich schon festgestellt, daß Sie ohne maximale Konzentration nicht viel erreichen. Ist Ihnen aber auch klargeworden, daß Sie sich mit allen fünf Sinnen – Sehen, Hören, Spüren, Riechen und Schmecken – auf etwas konzentrieren können?

Das möchten wir Ihnen jetzt im Detail vorführen:

«Konzentration» ist ein Begriff, den die meisten von Ihnen mit «Lernen» in Verbindung bringen. Und da ist denn auch Konzentration durch Sehen und Hören unmittelbar einleuchtend. Plausibel ist noch der Tastsinn; er spielt für das Lernen bei Handwerkern eine große Rolle, er fördert sozusagen «Lernen durch Tun».

Der Geruchs- und der Geschmackssinn dagegen sind beim Lernen nicht allzu wichtig, höchstens in Randsituationen wie z.B. bei einer Weinprobe.

Nun geht es bei Ihnen aber nicht um die alltägliche Lernsituation, sondern doch eher um die Konzentration, die Sie auf dem Weg zum Genie immer wieder aufbringen müssen.

Aufgabe

Konzentrieren Sie sich einmal fünf Minuten lang auf Ihre Gedanken.

Schließen Sie die Augen und beobachten Sie den Weg, den Ihre Gedanken nehmen, verfolgen Sie sie mit Ihrer neutralen Aufmerksamkeit.

Anschließend halten Sie die wichtigsten Eindrücke fest:

1.
2.
3. ... (mindestens 10 Eindrücke)

Diese Übung ist wichtig, weil Sie dabei etwas Abstand zu den eigenen Gedanken bekommen. Sie läßt sich immer wieder in kleinen «Zeitpausen» Ihres Alltags ganz unauffällig praktizieren, z.B. beim Rasieren oder Duschen, beim Joggen, in der Warteschlange im Supermarkt usw.

Je öfter Sie diese Beobachtungen machen, um so leichter wird es Ihnen fallen, Ihre Gedanken dann auch in eine bestimmte Richtung zu lenken, d.h. auf eine bestimmte Sache zu konzentrieren.

Lassen Sie uns nun unsere Gedanken und alle fünf Sinne einmal einsetzen, um uns völlig auf ein Bild, eine Zielvorstellung zu konzentrieren:

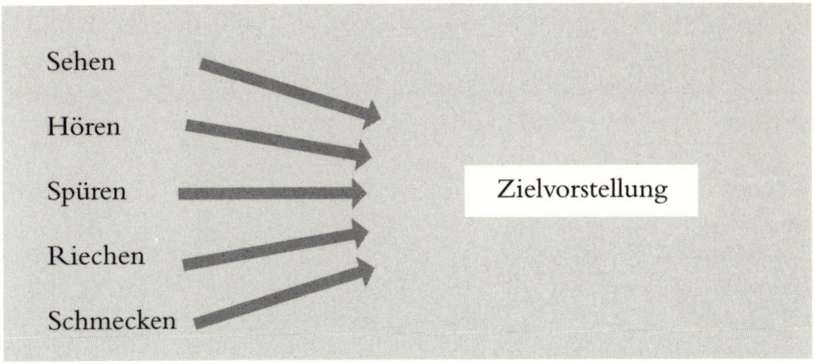

Nehmen wir an, Sie möchten Ihren nächsten Urlaub am Meer verbringen.

Dann *sehen* Sie jetzt vor ihrem geistigen Auge einen langen Sandstrand. Sie sehen Sonnenschirme, Badetücher und viele Menschen, die wie Sie ihre Ferien genießen.

Sie *hören* auch vieles, z.B. das typische Geräusch der Brandung, die Rufe der Kinder, Satzfetzen in verschiedenen Sprachen, vielleicht saust Ihnen sogar der Wind in den Ohren.

Stellen Sie sich nun vor, es ist sehr heiß und Sie sitzen bei Gezeitenwechsel an der Flutgrenze: An den Füßen *spüren* Sie die Wellen, die schon langsam kürzer werden, mit den Händen tasten Sie den Sand ab: Hinter Ihnen ist er trocken und rieselt durch die Finger, vor Ihnen ist er naß und matschig und verlockt Sie dazu, eine kleine Burg zu bauen. Sie spüren auch den leichten Wind auf der Haut, nehmen das Frösteln wahr, das er verursacht, und genießen gleichzeitig die warme Sonne auf Ihrem Rücken.

Nun schließen Sie die Augen und *riechen* das Meer: Sie riechen den Sand, den leichten Duft nach Sonnenöl, der von den vielen Menschen ausgeht, den typischen Geruch des Meerwassers.

Und wenn Sie mit der Zunge an Ihren Fingern schlecken oder über Ihre Lippen fahren, können Sie deutlich das Meersalz *schmecken.*

Seien Sie ehrlich: Haben Sie bei dieser kleinen Phantasiereise nicht auch etwas Fernweh bekommen?

Sicherlich haben Sie selbst bemerkt: Indem Sie sich auf einen oder mehrere Sinneseindrücke konzentrieren, können Sie eine beliebige Wunschvorstellung in Ihrem Inneren auf intensivste Art lebendig werden lassen.

Um nun Ihre Wahrnehmung über alle fünf Sinneskanäle ganz gezielt zu fördern, lösen Sie folgende

Aufgabe

A

Stellen Sie sich einen beliebigen Gegenstand vor, z.B. einen Baum. Versuchen Sie, ihn mit allen Einzelheiten vor sich zu *sehen*: mit Blättern, Zweigen, Ästen, Stamm, Früchten, mit seinem Schatten usw.

Halten Sie diese Vorstellung so lange wie möglich vor Ihrem inneren Auge und lassen Sie sich nicht unterbrechen.

Stellen Sie sich den Baum mit all der Ihnen möglichen Konzentration mindestens eine Minute lang vor.*

B

Wiederholen Sie diese und alle folgenden Übungen bei jeder Gelegenheit und steigern Sie die Dauer nach und nach auf jeweils fünf Minuten!

C

Hören Sie einmal so lange wie möglich ein bestimmtes Geräusch, z.B. das Singen eines Vogels, das Ticken einer Wanduhr, das Rauschen eines Wasserfalls. Schalten Sie alle anderen Eindrücke, vor allem das Sehen, innerlich ganz aus und konzentrieren Sie sich nur auf das Hören.

D

Stellen Sie sich nun vor, Sie sitzen in der Sauna und schwitzen. Sobald Sie das Gefühl der Wärme *spüren*, versuchen Sie, es zu halten.

Üben Sie mit Wärme und Kälte, mit Hunger und Durst, Müdigkeit, Schwere usw., und geben Sie auch diesmal acht, daß sich nicht automatisch optische Vorstellungen dazugesellen.

* Sinngemäß nach Rudolf Steiner, Roberto Assagnoli und Franz Bardon.

E

Riechen Sie in Ihrer Vorstellung einen ganz bestimmten Duft, seien es Rosen, Nelken, Äpfel, ein Lieblingsparfum o.ä.

Halten Sie auch diesen Eindruck fest, ohne ein optisches Bild dazukommen zu lassen.

F

Als letztes konzentrieren Sie sich nun auf einen Geschmack. Am einfachsten beginnen Sie die Übung mit den klassischen Geschmacksrichtungen süß/sauer/bitter/salzig; dann wählen Sie einen beliebigen Geschmack.

Wichtig ist, daß Sie die entsprechende Speise nicht vor sich sehen, sondern sich voll und ganz auf das *Schmecken* konzentrieren.

Sie haben bei der Beschäftigung mit diesen Aufgaben bemerkt, daß Ihnen die Konzentration mit manchen Sinnen deutlich leichter fällt als mit anderen; aus genau diesem Grund raten wir Ihnen, die Übungen wirklich so oft zu wiederholen, bis Sie sich mit *jedem* der fünf Sinne auf einen spezifischen Eindruck fünf Minuten lang ohne Unterbrechung konzentrieren können.

Das schwächste Glied bestimmt die Stärke einer Kette, deshalb sollten alle Glieder möglichst gleich stark sein. Nur so erreichen Sie eine Ausgewogenheit Ihrer persönlichen Wahrnehmungen, ein Gleichgewicht der Eindrücke.

Wir wollen nun noch einen Schritt weitergehen und die so geschulten Sinne miteinander kombinieren:

Aufgabe

Üben Sie die Konzentration von zwei oder mehr Sinnen gleichzeitig:

A

- Sehen und hören Sie fünf Minuten lang einen Wasserfall.
- Riechen und schmecken Sie ein bestimmtes Essen, z.B. Sauerkraut.
- Spüren und hören Sie einen Regenschauer im Wald.
- Sehen, riechen und schmecken Sie reife Erdbeeren.
- Sie sitzen an einem lodernden, knisternden, angenehme Wärme

verbreitenden, nach Tannenharz duftenden Kaminfeuer. Sehen, hören, spüren und riechen Sie es?!

B

Gehen Sie nochmals zurück zu unserer anfänglichen Phantasiereise ans Meer. Konzentrieren Sie sich mit allen fünf Sinnen mindestens fünf Minuten lang darauf.

Halten Sie Ihre wichtigsten Eindrücke danach schriftlich fest:

1.
2.
3. ... (mindestens 10 Eindrücke)

Durch ausdauerndes, beharrliches Üben werden Sie die gleichmäßige Konzentration mit allen fünf Sinnen erreichen und ausbauen; und schon bald können Sie eine beachtliche Konzentrationsfähigkeit erlangen. Solche Übungen stärken Geist und Willenskraft, und Sie werden wesentlich klarer denken und effektiver arbeiten.

Je konzentrierter Sie bei der Visualisierung alle fünf Sinne einsetzen, um so intensiver, lebendiger und wirkungsvoller werden Ihre Zielvorstellungen sein.

2. Intelligenztraining

Was ist eigentlich Intelligenz?

Es gibt hier viele Definitionen; wir schlagen Ihnen die folgende (nach Skinner) vor, da sie uns am ehesten umsetzbar erscheint:

«Intelligenz ist der kürzeste Weg zum Ziel.»

Wie können wir nun Intelligenz beweisen?

Die Menschheit war lange Zeit der Ansicht, Intelligenz sei angeboren. Inzwischen ist aber wissenschaftlich bewiesen, daß Intelligenz trainierbar ist. Und hier ist es mit der Intelligenz und anderen Geistesgaben genauso wie mit dem Geld:

Je mehr Sie davon haben, um so leichter läßt es sich vermehren.

Das heißt, das Training geht anfangs langsam voran, macht dann aber nach den ersten Erfolgen deutlich schnellere Fortschritte.

Aufgabe

«Intelligenz ist trainierbar.» Was halten Sie davon?

A

Denken Sie darüber nach, wie Sie Ihre eigene Intelligenz schulen würden, wenn Sie genügend Zeit und Mittel dafür hätten:

1.
2.
3. ... (mindestens 6 Ideen)

B

Welche Art von Intelligenz, Lern- oder Arbeitstechnik wäre notwendig, damit Sie Ihre derzeitigen beruflichen Tätigkeiten noch besser und effektiver ausführen könnten?

1.
2.
3. ... (mindestens 6 Ideen)

So läßt sich Intelligenz als trainierbare Fähigkeit natürlich immer wieder durch Taten beweisen und gleichzeitig fördern. **Taten entstehen durch Fleiß.** Und Intelligenz kann sich eben da um so rascher entwickeln, wo am meisten Fleiß mit im Spiel ist.

Also gilt: Je mehr Taten, um so mehr neue Erfahrungen; letztere werden, mit Intelligenz ausgewertet, von neuem umgesetzt und führen so wiederum zu noch größerer Intelligenz.

Durch Auswertung von Erfahrungen erwerben Sie gegenüber Ihrer Umwelt einen Wissensvorsprung; Sie werden weniger beeinflußbar und können selbst Dinge oder Personen in Ihrer Umgebung leichter steuern.

Aufgabe

A

Denken Sie intensiv über Ihren gestrigen Tag nach:

Welche Ereignisse oder Begegnungen haben Sie durch den Einsatz Ihrer Intelligenz mitgeprägt oder gar in eine gewünschte Richtung gesteuert?

1.
2.
3. ... (mindestens 5 Punkte)

B

Worin genau lag die entscheidende Erkenntnis, die Sie Ihrer Umgebung voraus hatten?

1.
2.
3. ... (mindestens 5 Punkte)

Ein ganz banales Beispiel:
An der Kasse im Supermarkt drängelt sich kurz vor Ladenschluß noch eine Frau ohne zu fragen vor Sie. Ihre Intelligenz rät Ihnen, die Sache mit Humor zu nehmen, anstatt sich zu beschweren; Sie bekämen ja allenfalls eine ruppige Antwort zurück. So sagen Sie nur lächelnd: «Sie haben wohl schon das Essen auf dem Herd und sind deshalb so in Eile?» Damit haben Sie die Situation gerettet und sich und den anderen Mißstimmung erspart.

Sie haben Ihre Intelligenz also dazu benutzt, die vorhandenen Daten im Hinblick auf bereits gespeicherte Erfahrungen auszuwerten (qualitativ orientierter Umgang mit Intelligenz), anstatt einfach immer mehr Daten anzusammeln (quantitativ orientierter Umgang).

Wichtig ist auch hier nicht die Fülle der Informationen, sondern ihre Verwertbarkeit in den Alltagssituationen, und zu dieser Verwertbarkeit kann eine geübte Intelligenz sehr viel beitragen. Deshalb ist es wichtig, mit dem Intelligenztraining nicht nachzulassen. (Aber da Sie in unserem Buch bis hierher vorgedrungen sind, ist das bei Ihnen sowieso nicht zu befürchten!)

Die Bedeutung der Intelligenz liegt zweifellos in der Anwendung, und die hier vorhandenen Möglichkeiten können durch gezieltes und verschiedenartiges Training noch erweitert werden.

Zu diesen verschiedenen Intelligenzschulungen gehören auch wieder Konzentration und Gedächtnis, Visualisierung und Analogie-Bildung. Intelligenz läßt sich am leichtesten üben in Verbindung mit anderen Bereichen unserer geistigen Aktivität, z.B. in Kombination mit

Motivation
Gedächtnis
Flexibilität
Phantasie u.a.
Gegensatzdenken
Vorstellungskraft
Umsetzung
Konzentration
Kreativität
Kommunikation

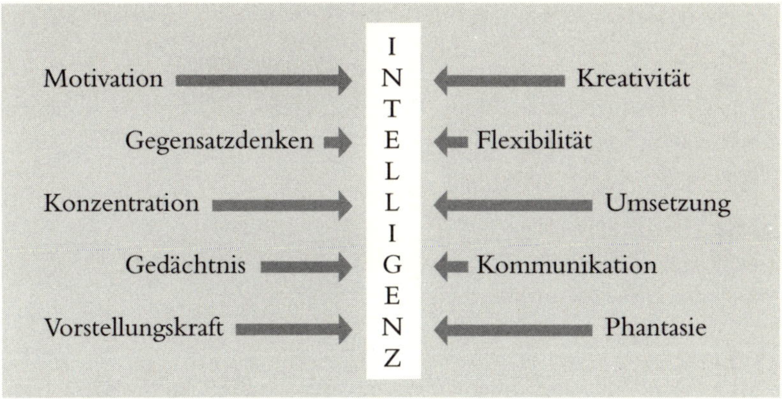

All diese Fähigkeiten lassen sich immer wieder aufs neue zielorientiert miteinander verbinden.

Doch nicht nur die Übung im Zusammenhang mit anderen geistigen Bereichen ist wichtig, sondern auch die Übertragbarkeit von Intelligenz auf andere Anwendungsgebiete.

Die Frage nach der Intelligenz ist nicht die Frage danach, wie groß die Menge der vorhandenen Informationen ist, sondern die Frage lautet, wieviel die Intelligenz mit den vorhandenen Informationen überhaupt anfangen kann:

Wenn Sie mit weniger Informationen mehr Auswertung und Übertragbarkeit erreichen, haben Sie offensichtlich genau die richtigen Informationen, aber Sie haben vor allem eine praktisch orientierte Intelligenz bewiesen:

Intelligenz setzt Qualität voraus, und die läßt sich eben nicht durch wachsende Quantitäten ersetzen!

Ein weiterer bedeutender Aspekt der Intelligenzförderung ist auch, daß Sie sich angewöhnen, Ihren eigenen Standpunkt klar herauszustellen.

Wie denken Sie eigentlich über all das, was Sie bis hierher über das Thema «Intelligenz» gelesen haben?

Aufgabe

A

Unterstreichen Sie im Text die Gesichtspunkte, die Ihnen zusagen, die Sie für plausibel halten und die auch Ihrem Erfahrungshorizont entsprechen.

B

Streichen Sie durch, was Sie nicht verstehen, und markieren Sie auch, wo Sie anderer Meinung sind.

C

Drücken Sie in Ihren eigenen Worten aus, welches die bisher wichtigsten Punkte im Abschnitt über Intelligenz waren:

1.
2.
3. ... (mindestens 5 Punkte)

Lassen Sie uns noch ein paar Sätze zum Thema «Intelligenztest» anmerken.

Sicherlich können Sie Ihre Intelligenz auch schulen, indem Sie alle möglichen Intelligenztests machen. Das wird Ihre geistige Flexibilität erhöhen; Sie werden im Laufe der Zeit bei den verschiedenen Testarten Ähnlichkeiten, Gesetzmäßigkeiten oder deren Umkehrung, Analogien und Gegensätze entdecken. Ihr Denken wird sowohl analytisch («Wo genau ist das Problem?») als auch synthetisch («Wie kann ich eine Lösung zusammenbasteln?») gefordert und gefördert.

Sie werden einen Adlerblick für das Entstehen von Lösungen bekommen und in der Lage sein, Intelligenztests immer schneller, besser und genialer zu lösen.

Noch intelligenter werden Sie, wenn Sie selbst Intelligenztests kreieren. In dieser Situation denken und schauen Sie vom Ziel aus auf den Weg und müssen überlegen, wie Sie dem Kandidaten die Wegbeschreibung präsentieren können. Dieser steht ja noch am Anfang der Strecke und sieht nur das, was zu sehen er für möglich hält. Sie dagegen haben durch ihre Intelligenz schon weit darüber hinausgehende Erfahrungen gemacht; Sie sehen auch das Unmögliche, erwarten auch das Unerwartete, und deshalb haben Sie einen Blick für die Spannweite aller Möglichkeiten.

Es ist überflüssig, darauf hinzuweisen, daß Intelligenz da am stärksten wirksam ist, wo Ihre Hauptinteressen liegen. Je höher Sie etwas einschätzen, um so schneller und intensiver können und wollen Sie Ihre Intelligenz und andere Fähigkeiten in genau diesem Bereich einsetzen. Wo Sie gut motiviert sind, gelangen Sie mit etwas Intelligenz am schnellsten zum Ziel.

Es gilt:

Wo mit wenig Information viel Auswertung erreicht wird, sind Intelligenz und Motivation ausschlaggebend.

3. Motivation

Wir knüpfen an diesen Gedankengang an und erläutern im folgenden einige Ideen zum Komplex der Motivation.

Stellen Sie sich vor, ein Polizist von einer Spezialeinheit kommt in eine fremde Stadt mit dem Auftrag, die dortige Drogenszene ausfindig zu machen. Er wird etwa drei Tage brauchen, dann hat er die ersten Kontakte geknüpft.

Ein Drogensüchtiger hat seinen Stoff auch in einer fremden Umgebung spätestens in drei Stunden.

Woran liegt das?

Ein Drogensüchtiger hat eine viel tiefere innere Motivation, und mit dieser Motivation kann er die spärlichen Informationen ganz anders auswerten, als es der Polizist aus seiner Situation heraus kann.

Eine Information ist nur in dem Maße nutzbar, wie sie auch motiviert; wenn sie nämlich keine Motivation darstellt, wird sie gar nicht erst in Handlung umgesetzt.

Umgekehrt macht die persönliche Motivation Ihr Handeln erst wertvoll und erfolgreich; denn wenn Sie nicht motiviert wären, würden Sie auch nichts in Handlung umsetzen.

> Je höher dagegen Ihre Motivation ist, um so schneller ist die Arbeit getan, das Vorhaben ausgeführt - und um so mehr haben Sie dabei gelernt!

Sie können sich selbst ganz einfach dadurch motivieren, daß Sie sich immer wieder sagen: «Ich bin gut.» Und wenn Sie schon genau wissen, daß Sie gut sind, nehmen Sie sich ein «noch besser» als Ziel. Gerade in Bereichen, wo Sie gute Ergebnisse sehen, können Sie sich leicht steigern und immer noch besser werden; und auf diesen Fortschritt zu vertrauen, ist die einfachste Form der Selbstmotivation.

Aufgabe

A

Nennen Sie Bereiche aus Ihrem Leben, wo Sie gut sind, weil Sie eine hohe Motivation haben:

1.
2.
3. ... (mindestens 10 Bereiche)

B

Wie könnten Sie Ihre Motivation in diesen Bereichen noch steigern?

1.
2.
3. ... (mindestens 5 Ideen)

Bei allen Tätigkeiten, für die Sie eine hohe Motivation haben, ist automatisch auch Ihre Konzentration hervorragend.

Ein leidenschaftlicher Briefmarkensammler kann sich abends nach Dienstschluß ohne weiteres drei oder vier Stunden lang mit seiner

Sammlung beschäftigen; wenn er dagegen eine Stunde länger arbeiten soll, bekommt er schon bald Konzentrationsprobleme.

Sie sehen hier ganz deutlich die Vernetzung der Charakter-Eigenschaften «Motivation» und «Konzentration», weiter oben ging es um die Kombination «Motivation» und «Intelligenz»; und Sie erkennen:

Wenn Sie eine dieser Eigenschaften bewußt fördern und stärken, wachsen die anderen automatisch mit.

Was sind nun die Motive der ganz großen Genies?

Die Resultate ihrer Beschäftigungen sind es sicherlich nicht. Bei den meisten genialen Menschen stehen keine konkreten Ergebnisse im Vordergrund, auf die ihre Taten ausgerichtet wären. Es ist vielmehr die innere Sicherheit, daß es ein Wissen gibt, das höher anzusetzen ist als das normale Alltagswissen. Diese Sicherheit motiviert sie, unablässig und konsequent nach dem höheren Wissen zu suchen.

Nicht der äußere Erfolg ist wichtig, sondern die innere Zufriedenheit, auf dem richtigen Weg zu sein.

Dabei entwickelt jeder Genie-Anwärter über die Jahre hinweg seinen eigenen Stil, seine eigenen Denk- und Arbeitsmethoden; und jeder orientiert sich im Hinblick auf sein Endziel hauptsächlich an dem, was er selbst durch praktische Umsetzung erprobt hat.

Aufgabe

Haben Sie schon einen Schimmer von diesem «höheren Wissen» erhascht?

Welches sind die Punkte, wo Sie aus Ihrer Sicht sagen können: Das ist «höheres Wissen»?

1.
2.
3. ... (mindestens 5 Punkte)

Abgesehen von der oben erwähnten einfachen Selbstmotivation («Ich bin gut») gibt es natürlich noch andere Vorschläge, wie Sie Ihre innere Einstellung auf «Erfolg» programmieren können. In Kapitel 7 haben wir Ihnen die «Positiven Tankstellen» aufgezeigt. Es ist ein einfacher und doch wichtiger und erfolgversprechender Motivationsschritt, sich bewußt mit positiven Gedanken zu befassen:

Mit positiven *Wünschen*, positiven *Erfahrungen*, positiven *Plänen.*

Die Wünsche

Träumen Sie immer wieder von Ihren Wünschen. Erwecken Sie Ihre Sehnsüchte und Ziele zum Leben. Je öfter Sie davon träumen, um so motivierter werden Sie sein, auch etwas für die Erfüllung Ihrer Wünsche zu tun.

Träumen Sie tagsüber von Ihren Wunschvorstellungen, aber auf jeden Fall abends vor dem Einschlafen, denn dann gehen Ihre Wunschbilder über in Ihre Träume und können sich dort intensivieren.

Aufgabe

Wählen Sie eine beliebige Wunschvorstellung und träumen Sie zehn Minuten lang davon, wie Sie diese in die Realität umsetzen könnten.

Wiederholen Sie diese Vorstellung in den nächsten Tagen mindestens fünfzehnmal. Welche Ergebnisse zeichnen sich danach ab?

1.
2.
3. ... (mindestens 5 Ergebnisse)

Die Erfahrungen

Sortieren Sie die Erfahrungen, die Sie machen. Am einfachsten gelingt es Ihnen, wenn Sie jeden Abend eine Tagesrückschau machen:

Aufgabe

Gehen Sie in Gedanken die zehn wichtigsten Gedanken oder Begegnungen des heutigen Tages durch.

A

Welches waren die drei wichtigsten positiven Erfahrungen?

1.
2.
3.

B

Gibt es Dinge, die Sie hätten noch besser machen können? Und wie würden Sie das in Zukunft tun?

1.
2.
3. ... (mindestens 5 Ideen)

C

Machen Sie diese Tagesrückschau und -auswertung drei Wochen lang jeden Abend. Vergleichen Sie dann alle «wichtigsten Erfahrungen» und alle «Noch-besser-Ideen» miteinander.

Was stellen Sie fest?

1.
2.
3. ... (mindestens 5 Punkte)

Das sind die positiven Erfahrungen, aus denen Sie am meisten lernen. Was Sie nur lesen oder was andere Ihnen erzählen, ist lange nicht so wertvoll:

Was Sie selbst erleben und auswerten, das ist Ihr stärkster Motivator!

Die Pläne

Machen Sie für Ihre Zukunft grundsätzlich nur positive Pläne. Das beginnt schon damit, daß Sie sich einen angestrebten Endzustand wie eine fotografische Momentaufnahme immer wieder vor Augen halten.

Aufgabe

Kreieren Sie für Pläne, die Sie in den nächsten Monaten haben, fertige End-Bilder und halten Sie diese stichwortartig fest:

1.
2.
3. ... (mindestens 5 Bilder)

Oder Sie schaffen sich bestimmte konkrete Motivationsauslöser, die Sie so in Ihrer Umgebung plazieren, daß Sie immer wieder darauf stoßen:

Stecken Sie sich ein Bild von Ihrem nächsten Urlaubsziel auf Ihren Schreibtisch oder ein Foto von Ihrem Wunschauto in den Geldbeutel. Wertvolle Ideen und motivierende Gedanken notieren Sie mit einem kurzen, für andere unverfänglichen Stichwort und heften den Zettel an Ihren Spiegel usw.: Ihre Umgebung beeinflußt Sie mehr, als Ihnen bewußt ist - also statten Sie Ihre Umgebung entsprechend mit positiven Motivatoren aus!

Aufgabe

Suchen Sie weitere Ziele in Ihrem Leben, die Sie sich durch solche konkreten positiven Auslöser immer wieder vor Augen halten:

1.
2.
3. ... (mindestens 5 Ziele)

Eine sinnvolle Methode ist auch, vor dem Einschlafen nicht nur die oben erwähnten Wunschträume zu pflegen, sondern ganz bewußt konkrete Pläne zu schmieden: Gerade die Gedanken und Gefühle, die Sie in den zehn Minuten vor dem Einschlafen denken und empfinden, setzen sich bis zu zwei Stunden lang auf der Traumebene fort und beeinflussen so Ihr Unterbewußtsein.

Der Schweizer Psychologe C. G. Jung hat nachgewiesen, daß das Unbewußte im Menschen, also alle Bilder, die Sie aufnehmen, alle Situationen und Erinnerungen, die Sie verdrängen, und vor allem Ihre Träume, daß all das zusammengenommen einen viel größeren Einfluß auf das Tagesgeschehen hat, als man bisher annehmen konnte.

Er vergleicht das Wachbewußtsein mit dem Wind, der auf der Spitze eines Eisbergs bläst: Selbst der stärkste Wind kann die Strömungsrichtung nicht beeinflussen. Der Eisberg liegt nämlich zu $6/7$ unter Wasser und mit nur $1/7$ über Wasser. Deswegen bestimmt die Wasserströmung seine Richtung. Das Wasser entspricht also Ihrem Unbewußten; und somit ist unmittelbar plausibel, daß die Selbstmotivation sich sinnigerweise soweit als möglich auch auf Ihre Traumbilder erstrecken sollte.

Aufgabe

Nehmen Sie sich ein bestimmtes Ziel vor und überlegen Sie, wie Sie es erreichen wollen.

Konzentrieren Sie sich eine Woche lang direkt vor dem Einschlafen mit allen fünf Sinnen auf diesen Plan.

Bemerken Sie Veränderungen? Träumen Sie von Ihrem Plan?

Was können Sie feststellen?

1.
2.
3. ... (mindestens 7 Beobachtungen)

In Kapitel 7 haben Sie sich mit «Begeisterung» beschäftigt; nun wissen Sie auch, wie Sie Ihre Begeisterung in Motivation und zielgerichtetes, erfolgversprechendes Handeln umsetzen können. Den größten Erfolg haben Sie natürlich da, wo Sie Ihre ausgeprägten Fähigkeiten und Interessen so gut umsetzen können, daß Sie mit Engagement, Intelligenz und etwas Glück einen Beruf daraus machen können:

Dann nämlich haben Sie, verehrter Leser, die größtmögliche Motivation und somit die besten Voraussetzungen, um erfolgreich zu sein.

4. Gedächtnisschulung

Wir möchten Ihnen an dieser Stelle eine spielerische und sehr effektive Methode präsentieren, wie Sie Ihr Bilderdenken zu Höchstleistungen anregen können:

Machen Sie Gedächtnistraining!

Gedächtnistraining garantiert in kürzester Zeit die Steigerung von Visualisierungskraft und Flexibilität im Denken. So gelangen sie am einfachsten von statischen Vorstellungen zu bewegten kreativen Bildern.

Ein Beispiel

Sie wollen einkaufen gehen und brauchen Bananen, Milch, Schinken, Kopfsalat, Tomaten, Schokolade, eine Melone und Schlagsahne.

1. Möglichkeit:
Sie legen diese Gegenstände in Ihrer Vorstellung auf einen Tisch und prägen sich das Bild ein.

2. Möglichkeit:
Sie denken sich eine Mahlzeit aus, die Sie mit all diesen Dingen garnieren.

3. Möglichkeit:
Sie bringen Bewegung und Phantasie in das Bild und stellen sich vor: Milch und Bananen werden zu Bananenmilch gemixt. In diese hüpfen zwei Schinkenröllchen hinein, die einen Kopfsalat als Hut aufsetzen und sich mit Tomaten bewerfen. Der Sieger erhält auf einer Tafel Schokolade eine mit Sahne garnierte Melone überreicht.

Diese Einkaufsliste können Sie sich sehr viel leichter und auch über einen längeren Zeitraum merken.

(Versuchen Sie jetzt zum Spaß, die Liste einmal rückwärts aufzusagen!)

Über Gedächtnisleistungen bei Genies schreiben die Forscherinnen S. Ostrander und L. Schroeder:

> «Wenn es bei Menschen, die brillante Leistungen erbringen, also auf ihrem Gebiet herausragen, eine Konstante gibt, dann jene, daß sie fast alle ein phänomenales Gedächtnis haben. Der französische Dramatiker Jean Racine beispielsweise konnte ganze Theaterstücke wortwörtlich aufsagen, nachdem er sie einmal gelesen hatte. Andere, wie Arturo Toscanini, hatten ein Supergedächtnis für Musik...»
>
> *(Aus: Super Memory, S. 14)*

Der Punkt, der die großen Genies mit unserer Einkaufsliste verbindet, ist das kreative Bilderdenken. Wir üben es hier ganz einfach zum vordergründigen Zweck, unsere Merkfähigkeit zu steigern, aber in Wirklichkeit gilt:

Der Weg ist Teil des Zieles!

Was für uns langfristig von größter Bedeutung und effektivstem Nutzen ist, ist weniger das gute Gedächtnis an sich, sondern die Fähigkeit, lebendige Visualisierungen zu schaffen. Und sie ist es auch, die die großen Genies über andere Menschen hervorhebt, man denke nur an Nicola Tesla und seine sagenhafte Visualisierungskraft.

In der Visualisierung wird das Phantasiebild so lange umgestaltet, mit Realität und gewünschtem Endzustand verglichen und den bisher gemachten Erfahrungen angepaßt, bis es wieder in die Wirklichkeit paßt. Je selbstverständlicher Ihnen nun das Bilderdenken wird, um so leichter fallen Ihnen dann auch die zielorientierten Visualisierungen.

Nun wollen wir aber an die Arbeit gehen und Ihnen die Methoden genauer vorstellen, wie Sie Ihr bildhaftes Denken optimieren können.

Aufgabe

Prägen Sie sich die folgenden Wortpaare vier Minuten lang ein. Danach decken Sie erst die rechte, später die linke Seite zu und überprüfen, ob Sie die jeweils zugehörigen Begriffe noch wissen:

Auto	–	Buch
Glas	–	Balkon
Meer	–	Fernseher
Telefon	-	Kaffee
Blume	–	Ratte
Koch	–	Tanne
Gitarre	–	Butter
Floh	–	Hammer
Pfütze	–	Kette
Dampfwalze	–	Korb

Wie viele Begriffspaare konnten Sie richtig verknüpfen?

Vermutlich haben Sie schon ganz automatisch die im obigen Beispiel beschriebene Technik angewandt und aus den Begriffspaaren Bilder oder kleine Szenen entstehen lassen, die Sie sich dann leichter einprägen konnten, z.B.:

- Sie öffnen ein *Buch*, und von der aufgeschlagenen Seite löst sich ein *Auto*, wird dreidimensional und fährt davon;
- Sie schauen auf Ihren riesigen *Balkon*, er ist leer bis auf ein *Glas*, das sich mitten auf dem Boden um seine eigene Achse dreht;
- Sie schalten den *Fernseher* ein, und plötzlich fließt das im Bericht gezeigte *Meer*wasser aus dem Gerät auf Ihren Teppich; usw.

Wir möchten Ihnen zur leichteren Umsetzung noch einige *Grundregeln* an die Hand geben:

1. Schließen Sie, falls möglich, die Augen, wenn Sie sich etwas einprägen. Damit sind störende visuelle Eindrücke aus Ihrer Umgebung ausgeschaltet.

2. *Sehen* Sie die jeweiligen Begriffe ganz deutlich in einem Bild, in einer Szene vor Ihrem inneren Auge.

3. Das erste Bild, das Ihnen in den Sinn kommt, ist spontan und somit meistens das beste. Und ein einziges Bild, eine Sekunde lang wie bei einem Blitzlichtfoto, genügt vollkommen, um den Begriff zu speichern.

4. Seien Sie kreativ und schaffen Sie ruhig ungewöhnliche Verbindungen - die «merk-würdigen» Ideen lassen sich wirklich leichter merken!

5. Lassen Sie nur das in Ihrem Bild zu, was Sie sich merken wollen. Zusätzliche Elemente verwirren Sie unnötig. Und präzisieren Sie die Begriffe soweit wie möglich (z.B. «Bleistift» nicht als «Schreibgerät» speichern!).

Sie erinnern sich bestimmt noch an die Fernsehserie «Am laufenden Band». Nun dürfen Sie der siegreiche Kandidat sein und Ihr Gedächtnis am Fließband testen:

Aufgabe

A

Sie haben drei Minuten Zeit, sich die folgende Wortkette zu merken. Machen Sie daraus eine Bildergeschichte, ähnlich wie bei unserer Einkaufsliste, prägen Sie sich aber jedes Einzelbild genau ein.

Prüfen Sie anschließend, ob Sie die Begriffe in der richtigen Reihenfolge wieder abrufen können.

Eßgeschirr
Miniaturflugzeug
Ski-Ausrüstung
Campingtisch
Toaster
Schlauchboot
Bettwäsche
Laptop
Kühlschrank
Schulranzen
Nähmaschine
Fahrrad
Sandkasten
Designerstuhl
Bücherstapel
Rosenstrauß
Diaprojektor
Aquarellbild

B

Schreiben Sie den ersten Begriff dieser Reihe auf einen Zettel, den Sie sich neben Ihr Bett legen. Wenn Sie morgens aufstehen, überprüfen Sie, wie viele Begriffe Sie noch wissen.

Sie haben eine Kette aus Gedankenbildern geschaffen:

und Sie haben erkannt, daß Sie die Begriffe mit der bildhaften Verknüpfungsmethode leicht und dauerhaft speichern können.

Aber auch hier gilt:

Lassen Sie mit dem Training nicht nach, *bleiben Sie am Ball!*

Wenn Sie nach einiger Zeit feststellen, daß Ihnen das Bilderdenken in Fleisch und Blut übergegangen ist, dann können Sie sich getrost wieder anderen Genie-Aufgaben zuwenden. Aber bis dahin müssen Sie noch etwas Zeit und Motivation aufbringen.

Üben Sie am besten gleich weiter: Diesmal mit ganzen Sätzen.

Aufgabe

Machen Sie sich zu jedem Satz eine Bildvorstellung, dann verkoppeln Sie die Bilder zu einer möglichst lebendigen, originellen Geschichte. Dafür haben Sie vier Minuten Zeit.

1. Die Tante schwärmt für den Briefträger.
2. Rotkäppchen geht die Großmutter besuchen.
3. Das Auto muß dringend zur Inspektion.
4. Der Panther schleicht ziellos durch den Wald.
5. Der Kaminfeger sucht seinen Regenschirm.
6. Fritz hat ein Loch in seiner Latzhose.
7. Die Batterien im Fotoapparat sind leer.
8. Die Kinder fahren mit den Fahrrädern durchs Dorf.
9. Das Schiff wird in den hohen Wellen hin- und hergeworfen.
10. Der Geschäftsführer des Hotels entläßt die Hälfte seiner Angestellten.

Versuchen Sie nun, die zehn Sätze möglichst genau wiederzugeben.

Nach einer gewissen Zeit wird Ihnen ein geringer Bildreiz schon genügen, um die Verknüpfung wieder wachzurufen und den Lernstoff zu beherrschen. Je öfter Sie also üben, um so weniger brauchen Sie bei Ihrer bildhaften Vorstellung ins Detail zu gehen.

Später können Sie dann Ihre Gedankenbilder in jede beliebige Richtung lenken. Das hilft Ihnen nicht nur, bestimmte Informationen zu speichern und bei Bedarf abzurufen, sondern ***Sie können Gedanken aller Art zu jedem beliebigen Zweck miteinander kombinieren und so Ihre Erfolge auf geniale Weise unterstützen und ausbauen,*** z.B. in so wichtigen Bereichen wie Zielvorstellung, Problemlösung, Visualisierung, Inspiration, Erfahrung, Motivation und vieles mehr.

Eine weitere erprobte Methode, wie Sie sich Daten durch Bildverknüpfungen merken können, ist die Arbeit mit

Zahlensymbolen.

Das mag Ihnen anfangs etwas abwegig vorkommen, doch der schnelle Erfolg wird Sie bald von der Effektivität dieser Methode überzeugen; lassen Sie sich einfach darauf ein:

Aufgabe

A

Prägen Sie sich die folgenden Symbole gut ein:

Mit etwas Phantasie sieht die **Kerze** aus wie eine 1:

Der **Schwanenhals** ist gebogen wie eine 2:

Der **Dreizack** hat außer den drei Zacken die Form einer auf dem Rücken liegenden Drei:

Das vierblättrige **Kleeblatt** spricht für sich:

Die **Hand** steht mit ihren Fingern für die Zahl 5:

Im **Elefanten**rüssel erkennen Sie die Zahl 6:

Die **Fahne** sieht aus wie eine 7:

Die **Eieruhr** hat dieselbe Form wie eine 8:

Die Körperhaltung der **Schlange** zeigt uns eine 9:

Golfschläger und **Golfball** stehen für 1 und 0, also für die 10:

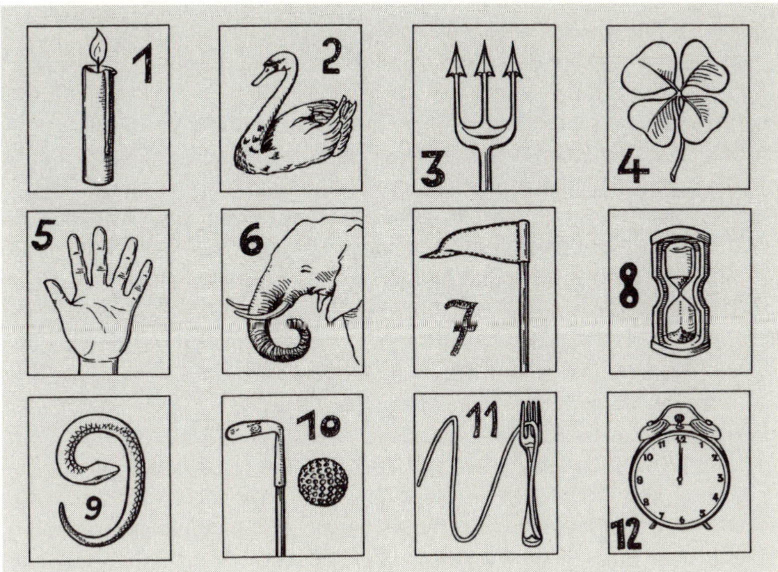

Die Grafik wurde übernommen aus «Das perfekte Gedächtnis» von Roland R. Geisselhart, erschienen im Deutschen Taschenbuch Verlag München, 6. Aufl. 2001

B

Verknüpfen Sie nun die Bildsymbole für die Zahlen mit den entsprechenden Punkten auf der folgenden Erledigungsliste für kommenden Samstag:

1. Sie wollen morgens Brötchen holen gehen.
2. Nach dem Frühstück müssen Sie das Altpapier zum Container bringen.
3. Auf dem Weg in die Stadt werfen Sie einige Briefe in den Briefkasten.
4. Dann kaufen Sie Getränke ein und
5. holen auf dem Markt frisches Gemüse.
6. Auf dem Rückweg tanken Sie Ihr Auto voll.
7. Wieder zu Hause mähen Sie den Rasen.
8. Sie telefonieren mit Freunden und verabreden sich für Sonntag.
9. Am Nachmittag helfen Sie Ihrer Mutter, ein Zimmer neu zu streichen,
10. und, nicht vergessen, für den Abend haben Sie zwei Theaterkarten vorbestellt.

Kontrollieren Sie genau: Konnten Sie sich mit Hilfe der Symbole wirklich alle geplanten Vorhaben merken?

Dann sind Sie auf dem Weg zum Gedächtniskünstler!

Hier ist nun unser Vorschlag für eine originelle, lebhafte Verknüpfung:

1. Am Samstagmorgen ist es noch dunkel, und der Bäcker hat in seinem Verkaufsraum lauter Kerzen auf die Brötchen gesteckt.
2. Neben dem Papiercontainer sitzt ein Schwan, der sich eine Zeitung herauspickt und zu lesen anfängt.
3. Im Briefkasten lauert Neptun mit dem Dreizack und spießt alle Briefe auf.
4. Auf den Sprudel- und Bierflaschen kleben statt der gewohnten Etiketten lauter giftgrüne Kleeblätter.
5. Sie drücken das Gemüse mit den Fingern.
6. An der Tankstelle steht anstatt einer Zapfsäule ein Elefant, der Ihren Tank mit seinem Rüssel füllt und dabei laut trompetet.
7. Ihre Kinder haben inzwischen auf der Wiese die Fahrspuren für den Rasenmäher mit Dutzenden kleiner Fähnchen abgesteckt.
8. Die Frau Ihres Freundes, den Sie anrufen wollen, betont ihre sprichwörtliche Wespentaille (vgl. Eieruhr!), indem sie den Gürtel mit aller Kraft noch enger zieht.

9. In einer Ecke des Zimmers, das Ihre Mutter renovieren will, kriecht eine riesige Schlange herum.
10. Sie wollen auf dem gemähten Rasen Golfspielen üben und finden in Ihrer Hosentasche neben dem Golfball – zwei völlig verknitterte Theaterkarten...

Verstehen Sie uns bitte nicht falsch: Es geht nicht darum, Ihnen unsere Ideen und Vorstellungen aufzuzwingen. Im Gegenteil:

Für Sie sind *Ihre eigenen Verknüpfungen* um vieles «richtiger», weil Sie Ihrer eigenen Phantasie entstammen. Wir möchten Ihnen lediglich am Beispiel aufzeigen, wie kreativ, wie lebendig und z.T. auch ungewöhnlich-absurd die Verknüpfungen gerade im Anfangsstadium des Gedächtnistrainings sein können und dürfen. Treiben Sie zum Ausgleich Ihrer geistigen Übungen etwas Sport und wenden Sie auch hier Ihr Vorstellungstraining an.

Aufgabe

A

Üben Sie das Verknüpfen der Zahlensymbole mit den wichtigsten Meldungen der Abendnachrichten.

(Sollten es mehr als zehn Beiträge sein, so hilft ein einfacher Trick: Benützen Sie die Symbolreihe von 1 bis 10 einfach noch mal von vorne, aber diesmal in einer anderen Farbe. Also beispielsweise für Meldung 1 bis 10 die Farbe gelb, für 11 bis 20 die Farbe orange usw.)

B

Wir gehen noch einen Schritt weiter: Lassen Sie nun die bildhafte Verknüpfung beiseite und «werfen» Sie das Zahlensymbol gedanklich in den Kernpunkt der Nachrichtenmeldung hinein.

Beispiel:

Meldung 1: In Köln ist Hochwasser, die Feuerwehr ist voll im Einsatz. Sie werfen die Kerze in einen überfluteten Keller.

Meldung 2: Die jährliche Preisverleihung auf der Frankfurter Buchmesse. Sie schleudern den Schwan in die Zuschauermenge.

Meldung 3: Eine gewalttätige Gegendemonstration anläßlich eines Staatsbesuchs von ausländischen Diplomaten in Berlin. Sie werfen Ihren Dreizack wie einen Speer vor die Demonstranten usw.

Bei dieser sog. Blitzlicht-Technik reicht es aus, wenn Sie das Bild jeweils nur für Sekundenbruchteile vor Ihrem inneren Auge sehen. Stellen Sie es sich klar und deutlich vor, das genügt schon!

C

Machen Sie diese Übungen spaßeshalber zu zweit und kontrollieren Sie sich hinterher gegenseitig.

Sie werden mittlerweile zugeben, daß es Ihnen mit Hilfe dieser Zahlensymbole leichtfällt (vielleicht sogar Spaß macht?), sich an 10 oder mehr Erledigungen, Fakten, Informationen o.ä. zu erinnern. Sie können diese Daten ja auch problemlos vorwärts, rückwärts und ohne Berücksichtigung der Zahlenreihe in beliebiger Folge abrufen.

Mit diesen wenigen Übungen sind Sie bereits dabei, Ihren Weg zum Genie ganz gezielt weiterzuverfolgen:

Sie intensivieren Ihr Bilderdenken durch den verstärkten Einsatz von Phantasie, Intuition und Kreativität; Sie stärken dadurch Ihre Motivation und Ihr «Selbst-bewußt-Sein».

Und all das führt wieder dazu, daß Sie geradezu spielerisch und genial Bildverknüpfungen schaffen, die Sie zu neuen Erkenntnissen, Erfahrungen und Lösungsmöglichkeiten führen.

Wenn Sie am Gedächtnistraining Gefallen finden, verweisen wir Sie zur Intensivierung der Übungen gerne auf ausführlichere Literatur (so z.B. «Das perfekte Gedächtnis» desselben Autors). Wir möchten auch an dieser Stelle anmerken, daß wir das Gedächtnis im Rahmen des Genie-Trainings als wichtigstes «Mittel zum Zweck» einstufen und es deshalb in eine Reihe mit anderen wichtigen Lerntechniken stellen:

Die Fähigkeit des kreativen Bilderdenkens, wie sie im Gedächtnistraining optimal gefördert wird, ist die wichtigste Voraussetzung für erfolgreiche Visualisierungsmethoden.*

Mit Gedächtnistraining lernen Sie, Ihre Vorstellungskraft erst zu entwickeln (Einkaufsliste), dann flexibler zu gestalten (Satzverknüpfungen, Zahlensymbole) und sie schließlich automatisch und effektiv im Alltag einzusetzen. Dieses angestrebte Ziel haben Sie erreicht, wenn Sie bereits

* Die ersten Erfahrungen mit dem Genietraining in Seminaren bestätigen ganz klar, daß Leser des Buches «Das perfekte Gedächtnis» wesentlich schneller und wirklich leichter vorwärtskommen.

während des Zuhörens (Gespräch, Vortrag, Nachrichten)
- bildhaft mitdenken,
- das Wichtigste blitzschnell nach eigenen Kriterien auswählen,
- verknüpfen und
- speichern.

Diese kreative Methode macht Ihre Arbeit wertvoll und effektiv; es ist kein stures Auswendiglernen wie in der Schule, sondern selbstschöpferische und bereichernde Tätigkeit, die auch ungleich mehr Spaß macht als der herkömmliche Unterricht, also einen wesentlich höheren Motivationsfaktor darstellt.

Inzwischen werden Sie uns bestimmt glauben, was

«... eine gute Nachricht besagt..., daß jeder von uns bereits ein außergewöhnliches Gedächtnis hat. Es gehört sozusagen zur Normalausstattung. Der Trick besteht darin, daß Sie lernen, wie Sie optimalen Zugriff zu Ihrem Gedächtnis erlangen, wie Sie es richtig behandeln und kreativ benutzen.»

(Aus: Ostrander/Schroeder: Super Memory, S.20)

Wenn Sie, liebe Leserin, lieber Leser, diesen Trick beherrschen, können Sie wie oben beschrieben mit einem phänomenalen Gedächtnis auf dem Weg zum Genie noch viel mehr erreichen!

5. Entspannung

Wir möchten Ihnen an dieser Stelle des kompakten und arbeitsreichen Kapitels über Lerntechniken noch einige Hinweise zur sinnvollen Entspannung geben.

Entspannung dient uns
- einerseits als Ausgleich zu unserem oftmals hektischen Alltag,
- andererseits als Voraussetzung für konzentriertes geistiges Arbeiten.

Sie kennen sicherlich, zumindest vom Hörensagen, einige gängige Entspannungsmethoden, angefangen vom Autogenen Training über Atembeobachtung und progressive Muskelentspannung bis hin zu Traumreisen und Meditationen. Welche davon eignet sich jetzt für Ihre speziellen Bedürfnisse?

Der einfachste und wichtigste Grundsatz ist:

Entspannen Sie sich mit der Methode, die Ihnen am sympathischsten ist - diese wird für Sie auch die erfolgreichste sein!

Wir haben schon mehrmals darauf hingewiesen, daß das Gleichgewicht der Gegensätze sehr wichtig ist im Leben. Wenn Sie nun das Verhältnis von «Äußerem Leben» und «Innerem Leben» betrachten, werden Sie feststellen, daß Sie zwar schon deutliche Verbesserungen erreicht haben und auf dem richtigen Weg sind, den Schwerpunkt mehr nach innen zu verlagern, doch kann die Pflege Ihres Innenlebens durchaus noch etwas Unterstützung vertragen! Nicht umsonst lebten früher die Mystiker, Weisen und Gelehrten oftmals tage- oder sogar wochenlang in völliger Abgeschiedenheit, um das ungestörte Aufblühen ihrer Geistesgaben zu ermöglichen, ohne von Alltagsbedürfnissen abgelenkt zu werden.

Deshalb: Nehmen auch Sie sich genügend Zeit zur inneren Versenkung, zur Entspannung!

Gehen Sie nach einer Entspannungsübung in eine Streßsituation: Sie werden sie leichter ertragen.

Und machen Sie nach einer Streßsituation eine Entspannungsübung: Sie werden die Situation schneller und leichter verarbeiten.

Schon wenn Sie sich täglich (aber regelmäßig!) für nur wenige Minuten zurückziehen und eine dieser Methoden anwenden, spüren Sie die wohltuende Wirkung, die zwischen Innen und Außen ein wechselndes Gleichgewicht schafft. Ihre Sinne, die zuvor auf Äußerlichkeiten gerichtet waren, sammeln sich jetzt in Ihrem Innern und konzentrieren sich auf Ihre geistige Welt. Sie gleiten in den sog. ALPHA-Zustand: Ihr Gehirn produziert nicht mehr wie im aktiven Wachzustand Beta-Wellen (über 14 Schwingungen pro Sekunde), sondern nur noch Alpha-Wellen (7-14 Schwingungen pro Sekunde); dennoch sind Sie nicht eingeschlafen: Sie sind lediglich «leicht abgehoben». In dieser Art Entspannung befinden Sie sich auch in den ersten 20 Minuten direkt nach dem Einschlafen.

Wenn Sie diesen Zustand tagsüber bewußt herbeiführen, können Sie sich wunderbar vom Alltagsstreß erholen und neu auftanken.

Gleichzeitig gilt:

Im ALPHA-Zustand arbeitet Ihr Gehirn am besten!

Trotz niedriger Frequenzen Ihrer Gehirnströme sind Sie bei vollem Bewußtsein. So können Sie leicht und mühelos Ihre Kreativität fördern, Ihr Gedächtnis ausbauen, Ihre Motivation stärken, nach Lösungsansätzen suchen, Ihre Intelligenz trainieren - konzentriert sind Sie im ALPHA-Zustand automatisch!

Nicht umsonst gibt es viele neue Forschungsergebnisse, Bücher und Lernprogramme zum Thema «Leichter lernen in Entspannung»; es könnte den bisher üblichen Schulmethoden schon bald ernsthafte Konkurrenz machen.

Wer sich dazu noch genauer informieren möchte, dem seien vor allem die Werke von Ostrander/Schroeder empfohlen (z.B. «Super Memory».)

An dieser Stelle fügen wir noch ein paar konkrete Anregungen zu verschiedenen Entspannungsmöglichkeiten an; wir erheben selbstverständlich keinen Anspruch auf Vollständigkeit.

Wenn Sie bis jetzt noch keine Lieblingsmethode haben, dann experimentieren Sie ruhig ein wenig: Probieren Sie die eine oder andere Art, sich zu entspannen, aus und vertiefen Sie da, wo Sie die deutlichste Wirkung empfunden haben.

Wir stellen Ihnen hier eine willkürliche Auswahl an Methoden in Kurzform vor; wenn Sie sich für eine davon entschieden haben, bleibt es Ihrer Intelligenz und Ihrer Motivation überlassen, sich noch weiter kundig zu machen:

- besorgen Sie sich Literatur;
- sprechen Sie darüber mit Freunden;
- besuchen Sie einen Volkshochschulkurs zum Thema;

kurz: Werden Sie erfinderisch und erarbeiten Sie sich *Ihre* persönliche Entspannungsmethode selbst, denn Sie wissen ja:

Durch praktische Umsetzung in Handlung erzielen Sie den größten Lerneffekt!

Autogenes Training

Die Technik können wir Ihnen hier auf die Schnelle nicht vermitteln, aber wir klären Sie über die Wirkungsweise auf:

«Durch gezielte Übungen werden Ruhe- und Entspannungstechniken erlernt, die eine Umschaltung des gesamten Organismus von einem aktiven in einen Ruhe- und Erholungszustand und zurück in einen aktiven ermöglichen. Damit einher geht eine Steigerung der geistigen und körperlichen Frische. Außerdem wird funktionellen Störungen der Organtätigkeit und Verspannungszuständen entgegengewirkt.»

(Aus einer Ankündigung der VHS Singen)

Yoga

«Yoga stärkt das körperliche und seelische Wohlbefinden oder stellt es wieder her. Selbstheilungskräfte werden frei, Streß und körperliche Verspannungen aufgelöst. Yoga ist auch eine wirkungsvolle Heilmethode bei vielen Rückenbeschwerden.» *(ebenda)*

Der in der «Autobiographie eines Yogi» von Yoganada beschriebene Kriya-Yoga unterstützt **alle** Geistesfunktionen beachtlich! (Siehe Bücherliste im Anhang.)

Atembeobachtung

Diese Technik erfordert wenig Übungsaufwand, und der Entspannungszustand tritt schon innerhalb von ein paar Minuten ein. Sie machen es sich bequem, schließen die Augen und beobachten ganz einfach Ihren Atem. Sie tun sonst nichts, Sie wollen ihn in keinster Weise beeinflussen. Sie konzentrieren sich nur auf den natürlichen Atemrhythmus.

Nach kurzer Zeit schon wird Ihre Atmung langsamer, die Pausen zwischen Ein- und Ausatmen werden länger, die Ruhe breitet sich in Ihrem ganzen Körper aus. Genießen Sie dieses sanfte Wechselspiel von Einatmen und Ausatmen; denken Sie dabei vielleicht an Meereswellen oder langsame Schaukelbewegungen, und lassen Sie sich von diesem angenehmen Rhythmus ganz tief in Ihr Innerstes tragen. Verweilen Sie dort, solange Sie wollen.

Konzentrierte Entspannung

– Schauen Sie fünf Minuten lang auf die Spitze Ihres Daumennagels. Schließen Sie dann die Augen, schauen Sie mit geschlossenen Augen

von innen auf die Stirnmitte und konzentrieren Sie sich dorthin.
- Konzentrieren Sie sich dann zwei Minuten lang auf die Schädeldecke (Fontanelle).
- Konzentrieren Sie sich eine Minute lang auf den Hinterkopf.
- Konzentrieren Sie sich zwei Minuten lang auf die Wirbelsäule in Herzhöhe (zwischen den beiden Schulterblättern).

Durch diese Konzentration auf einzelne Punkte, vor allem auf die in der Kopfregion, werden Ihre Gehirnfunktionen optimal angeregt.

Muskelentspannung

- Spannen Sie Ihre Beinmuskeln an, so fest Sie nur können. Strecken Sie die Beine dabei durch und ziehen die Zehen in Richtung Knie. Dann lassen Sie los und entspannen sich.
- Drücken Sie beide Handinnenflächen fest gegeneinander und spannen Sie auf diese Art Arm-, Brust- und Schultermuskulatur fest an. Dann lassen Sie los und entspannen sich.
- Ziehen Sie die Schultern hoch, als wollten Sie damit Ihre Ohren zuhalten. Dann lassen Sie los und entspannen sich.
- Spannen Sie die Gesichtsmuskeln an, indem Sie nach oben zum Haaransatz schauen. Dann lassen Sie los und entspannen sich.

Diese isometrischen Übungen können Sie ganz leicht in Ihren Tagesablauf integrieren. Der Entspannungseffekt, den sie bewirken, ist genauso groß wie z.B. beim Autogenen Training und bringt Ihnen in kurzer Zeit Ihre geistige Frische und Arbeitsfreude zurück.

All die genannten Übungen verhelfen Ihnen zu deutlich mehr Ruhe und innerer Zufriedenheit. Das sind wichtige Voraussetzungen, ja beinahe schon Garanten für geistige Flexibilität und Leistungsfähigkeit.

Zusammenfassend stellen wir fest, daß die aufgeführten Lernbereiche eng miteinander verbunden sind und sich oftmals zwingend ergänzen. Machen Sie doch einmal die Konzentrationsübungen im entspannten Zustand – Sie werden vom Ergebnis mehr als überrascht sein!

Weiter spielt für jede dieser Lerntechniken das kreative Bilderdenken eine sehr wichtige Rolle. Ihre geistigen Werkzeuge, die dafür in Aktion treten müssen (z.B. Phantasie, Gegensatzdenken, Intelligenz usw.), können Sie in ihrer Leistungskraft fördern, indem Sie für den nötigen Ausgleich durch das Gegenteil – Entspannung! – sorgen.

Auch hier gilt, wie schon in anderen Zusammenhängen, die Strategie des Gleichgewichts, das sich zwischen den einander ergänzenden Gegensätzen immer wieder neu einpendeln muß.

Behalten Sie unter diesem Aspekt Ihr inneres Gleichgewicht genau im Auge!

6. Lernen Sie lesen!

Sie können doch lesen, werden Sie sofort einwenden, was sollen Sie da noch lernen?

Dieses Kapitel enthält etwa 2300 Wörter. Der Durchschnittsleser liest 200 Wörter in der Minute, d.h. er bräuchte für diesen Text ca. 11,5 Minuten.

Wie lange brauchen Sie?

Die meisten Menschen nutzen nur 20% ihrer Lesekapazität. Sie lesen einen Text Wort für Wort und sind so nicht viel schneller als beim Sprechen. Ein geübter Leser kann dagegen auf bis zu *600 Wörter pro Minute* kommen.

Lesen ist Gewohnheitssache, und Gewohnheiten kann man ändern. Tauschen Sie einfach Ihre (schlechten) Lesegewohnheiten gegen neue, bessere um!

Sie können sich mit den folgenden Regeln leicht einen effektiveren Lesestil angewöhnen und so einerseits Ihre Lesegeschwindigkeit steigern, andererseits auch das Verständnis für das Gelesene deutlich verbessern.

Bilden Sie Wortgruppen!

Schlechte Leseresultate kommen daher, daß Ihre Augen die Gewohnheit haben, bei jedem Wort zu stoppen. Das Auge erfaßt die Zeile oder den Satz nicht als Einheit, sondern in lauter kleinen Portionen; jedes Wort wird einzeln fixiert.

Im folgenden Satz bedeutet jede Zahl eine Fixierung der Augen und somit eine kleine Lesepause:

Wenn Sie Wort für Wort lesen, brauchen Sie zuviel Zeit und Energie
1 2 3 4 5 6 7 8 9 10 11 12

Je langsamer Sie lesen, desto eher schweifen Ihre Gedanken ab.

Wenn Sie jedoch nicht die einzelnen Wörter, sondern ganze *Wortgruppen* erfassen, machen Sie bereits den ersten und wichtigsten Schritt zum besseren Lesen:

Fixieren Sie Ihre Augen kurz auf jede Wortgruppe, die sinngemäß zusammengehört, und erfassen diese als eine Einheit. Dann sind Ihre Augenbewegungen rhythmisch und wirkungsvoll.

Aus obigem Satz z.B. entstehen dann vier Wortgruppen:

Wenn Sie Wort für Wort lesen, brauchen Sie zuviel Zeit und Energie
1 2 3 4

Durch das schnellere Lesen ist der Verstand beschäftigt, und Ihre Gedanken bleiben beim Thema. Ihre Augen versorgen das Gehirn mit mehr geistiger Nahrung, und Sie lesen praktisch auf dieselbe Art, wie Sie denken, nämlich in Sinnzusammenhängen. So verbessern Sie automatisch Konzentration und Verständnis.

Aufgabe:

A

Lesen Sie den folgenden Text und stoppen Sie dabei Ihre normale Lesezeit:

«Auch im Wirtschaftsleben ist es in zunehmendem Maße erforderlich, komplexe Zusammenhänge zu überschauen, sich in einem Netz aus unzähligen verschiedenen Faktoren und Wechselwirkungen zurechtzufinden. Untersuchungen haben gezeigt, daß viele Manager hier scheitern, weil sie zu rational und detailorientiert denken. Durch Detaildenken verlieren sie den Überblick, verzetteln sich in Einzelheiten, und der Blick für das Wesentliche geht ihnen verloren.»

(Aus: R. Geisselhart: Das perfekte Gedächtnis, S. 44)

Lesezeit: _________ Sekunden

B

Nehmen Sie jetzt einen Bleistift und umkreisen Sie die Wortgruppen. Lesen Sie den Text dann ein zweites Mal und konzentrieren Sie sich auf die eingekreisten Sinneinheiten.

Wie lange haben Sie diesmal zum Lesen gebraucht?

Lesezeit: _________ Sekunden

Wenn Sie auf diese Art täglich nur 10 Minuten Lesetraining machen, werden Sie schon bald keine einzelnen Wörter mehr sehen, sondern Wortgruppen und Sinnzusammenhänge wahrnehmen, und Ihr Verständnis für das, was Sie gelesen haben, wird sich schneller und klarer einstellen als zuvor.

Lesen Sie in Spalten!

Auf diese Art vertiefen Sie Ihre Gewohnheit, Wortgruppen zu erfassen:

Ziehen Sie in der Mitte der Zeilen eine senkrechte Bleistiftlinie; lassen Sie dann Ihre Augen die Spalte herunterwandern, und zwar mit nur einer Fixierung pro Zeile.

(Später lassen Sie die Bleistiftlinie einfach weg.)

Aufgabe

Lesen Sie den folgenden Text «in Spalten»: Ziehen Sie eine senkrechte Linie und versuchen Sie, das erste und das letzte Wort in jeder Zeile zu sehen, während Sie sich auf die Mitte konzentrieren:

«Laut diesen Untersuchungen bilden die einander hundertfach überschneidenden ‹Nervenpfade› der Hirnrinde während der Denkvorgänge immer neue Muster. Je ungewöhnlicher aber diese dreidimensionalen ‹Arabesken› und ‹Patterns› sind, desto origineller ist der Einfall, dessen Auftreten sie bewirken oder wenigstens anzeigen. Könnte man nun diese Neuronen, die, kurz aufzuckenden Glühlampen einer Lichtreklame gleich, sich zu immer neuen Figuren eines ewig hin und her wogenden Wellenspiels zusammenfinden, von außen her beeinflussen, und somit erreichen, daß sie, statt gewöhnliche stereotype Konstellationen zu bilden, sich zu ganz neuen Ornamenten gruppieren, so wäre es auf diese Weise vielleicht möglich, von außen den Anstoß zu ‹schöpferischen Gedanken›, ‹neuartigen Vorstellungen› zu geben.»

(Aus: R. Jungk: Die Zukunft hat schon begonnen, S. 297)

Wenn Sie am Anfang noch Schwierigkeiten haben, versuchen Sie, zunächst die Wörter rechts und links von der Linie zu sehen. Später können Sie Ihr Gesichtsfeld dann ausweiten. Üben Sie diese Technik auch im Alltag, auf dem Weg zur Arbeit, in Ihrem Wohnzimmer: Konzentrieren Sie sich auf etwas Bestimmtes, und sehen Sie auch, was sich rechts und links davon befindet: Sie werden Ihren Gesichtswinkel spürbar vergrößern!

Brechen Sie das Lesen ab!

Sie haben die Erweiterung Ihres Gesichtsfeldes ja schon geübt; hier ist noch eine ergänzende Technik:

Brechen Sie etwa ½ cm vor Zeilenende mit Lesen ab. So gleiten Ihre Augen nicht über das Ende einer Zeile hinaus.

Halten Sie den Abstand auch am Zeilenanfang ein, dann vermeiden Sie eine Verlangsamung der Lesegeschwindigkeit am Anfang bzw. Ende der Zeile.

Aufgabe

Nehmen Sie den obigen Text und lesen Sie ihn mit dem Konzept «Leseabbruch» noch einmal aufmerksam und konzentriert durch.

Wieviel Zeit haben Sie dafür benötigt?

Lesezeit: __________ Sekunden

Lesen Sie auf Schnelligkeit!

Ein weiterer Schritt zu mehr Rationalisierung beim Lesen ist die Konzentration auf den Raum oberhalb der Zeile.

Vielleicht fällt es Ihnen noch schwer, in Wortgruppen zu lesen, obwohl Sie diese leicht erkennen. Das liegt daran, daß der weiße Raum zwischen den Wörtern den Satz zersplittert. Indem Sie Ihre Aufmerksamkeit auf den Bereich oberhalb einer Zeile richten, werden Ihre Augenbewegungen fließender, und die Sätze werden sinngemäß besser zusammengehalten. Mit dieser Technik können Sie Ihre Lesegeschwindigkeit weiter steigern, sie wird aber auch für Ihre Augen weniger anstrengend sein.

Aufgabe

Probieren Sie die Methode des «Zwischen-den-Zeilen-Lesens» mit folgendem Text gleich aus:

«Das Zauberwort heißt Konzentration. Wenn Sie während des Lesens durch andere Dinge abgelenkt werden, ist der Lernerfolg mit Sicherheit sehr gering. Sie müssen also zunächst einmal alle Ablenkungen und Störfaktoren ausschalten: Sie brauchen einen Platz, wo Sie in Ruhe lernen können. Aber das allein genügt noch nicht. Auch Ihre eigenen Gedanken sind potentielle Ablenkungen. Diese leidvolle Erfahrung haben Sie sicherlich schon oft gemacht: Sie lesen, und dabei fällt ihnen irgendeine Episode aus der Vergangenheit ein, oder Sie überlegen sich, was Sie morgen früh alles erledigen müssen... Und schon ist die Konzentration beim Teufel.»

(Aus: R. Geisselhart: Das perfekte Gedächtnis, S. 119)

Wie lange haben Sie diesmal gebraucht?

Lesezeit: __________ Sekunden

Denken Sie daran, daß das Ersetzen von alten (Lese-)Gewohnheiten seine Zeit braucht; haben Sie Geduld, wenn es nicht auf Anhieb hundertprozentig klappt - und üben Sie einfach weiter!

Lesen Sie mit verschiedenen Geschwindigkeiten!

Sicherlich lesen Sie nicht alle Texte durchgehend gleich schnell: Leichte Literatur lesen Sie rascher als beispielsweise einen technischen Artikel, die Tageszeitung schneller als ein Fachbuch.

Wenn Sie den entsprechenden Text überfliegen, reicht das zunächst aus, um einen allgemeinen Überblick zu erhalten. Sie erkennen, was wichtig ist, und erfassen den Gedankengang. Falls Sie genauere Informationen brauchen, können Sie während des Lesens jederzeit umschalten und sich in den Text vertiefen.

Aufgabe

Setzen Sie die Anregung, mit verschiedenen Geschwindigkeiten zu lesen, gleich in folgendem Text um:

«Die Beziehung zwischen der Fähigkeit zur Konzentration auf visuelle Vorstellungsbilder und der Fähigkeit, kreative Zustände herbeizuführen, stellt eines der letzten Rätsel kognitiver Psychologie und einiger psychotherapeutischer Theorien dar. Der Fall des Erfinders Tesla scheint die Existenz einer solchen Beziehung zu bestätigen.
Nicola Tesla ist ein dem Normalverbraucher kaum bekannter Name. Und doch würde der typische Familienhaushalt in einer Industriegesellschaft ohne die Entdeckungen und Erfindungen von Tesla kaum so «funktionieren», wie er es heute tut. Würde man alle Tesla-Spuren aus unserem modernen Heim entfernen, dann müßte man beispielsweise das Stromnetz abschalten, aus dem wir die Energie zum Betreiben unserer elektrischen Geräte beziehen, ja viele dieser Geräte selbst abschaffen, den Radioapparat und das Fernsehen etwa, aber auch Leuchtstoff- und Neonlampen...
Außerdem müßten verschiedene Einrichtungen verschwinden, die zwar nicht gerade zum Alltag gehören, aber für die wissenschaftliche Forschung von großer Bedeutung sind. Dazu gehören die Lampe zum Beschuß von Molekülen, aus der später das Elektronenmikroskop und der Teilchenbeschleuniger entwickelt wurden, Vorrichtungen zur Erforschung kosmischer Strahlen und künstlicher Radioaktivität sowie elektrischer Hochfrequenzströme, die in der

medizinischen Wissenschaft und in der Industrie Verwendung finden, und schließlich ferngelenkte Fahrzeuge und Waffen.»

(Harman/Rheingold über Nicola Tesla, aus: Die Kunst, kreativ zu sein, S. 78)

An welchen Stellen haben Sie verschiedene Lesegeschwindigkeiten festgestellt? Können Sie die Unterschiede erklären?

Wenn Sie nun einen (Fach-)Artikel zuerst überfliegen, bevor Sie ihn gründlich lesen, kostet Sie das zwar auf den ersten Blick mehr Zeit, aber Sie werden sehen, daß dieser kleine Mehraufwand Ihnen im Endeffekt hilft, Zeit zu sparen:

Nicht jeder Text ist für Sie wichtig. Ob Sie von einer gründlichen Lektüre profitieren können, finden Sie heraus, wenn Sie «vorauslesen». So lernen Sie den Stil des Verfassers kennen, Sie sehen die wichtigen Aspekte und Schlußfolgerungen des Textes. Dann können Sie sich immer noch in den Artikel vertiefen und ihn schneller lesen, als Sie es vorher gekonnt hätten.

Wenn Sie dagegen feststellen, daß der Text für Sie nicht von Bedeutung ist und Sie ihn nicht zu lesen brauchen, haben Sie erheblich an Lesezeit eingespart.

Aufgabe

- Suchen Sie sich einen längeren Artikel aus einer (Fach-)Zeitschrift, den Sie bisher nicht gelesen haben.
- Lesen Sie zunächst die Überschrift oder die Hauptpunkte. Wenn Sie möchten, lesen Sie die ersten 2 bis 3 Abschnitte an, die meistens eine Einführung in das Thema geben.
- Dann lesen Sie nur noch den ersten Satz in jedem Abschnitt. Achten Sie darauf, daß Sie keine Skizzen, Diagramme, Zwischenüberschriften oder Bilder übersehen.
- Lesen Sie die letzten 2 oder 3 Abschnitte wieder etwas gründlicher; hier sind normalerweise die Argumente des Verfassers zusammengefaßt.
- Danach lesen Sie den Artikel ein zweites Mal mit intelligenter und kritischer Haltung; Sie sind ja über den Inhalt und die Absichten des Verfassers in groben Zügen informiert.

Fassen Sie zusammen!

Es reicht nicht, wenn Sie einen Text nur lesen und verstehen:
Sie müssen ihn auch auswerten!

Wenn Sie die verschiedenen Aspekte zusammenfassen, ordnen Sie sie in der Reihenfolge ihrer Bedeutung; und so lassen sie sich auch leichter im Gedächtnis behalten.

Mit der Zeit werden Sie das Gelesene im Kopf zusammenfassen; vorerst empfehlen wir Ihnen aber, Ihr Resümee aufs Papier zu bringen.

Aufgabe

Arbeiten Sie weiter mit Ihrem (Fach-)Artikel:
- Fassen Sie ihn zusammen.
- Unterscheiden Sie klar zwischen Hauptideen und Details.
- Notieren Sie sich die wichtigsten Aspekte des Textes.

Auf diese Art haben Sie ein Gerüst, mit dessen Hilfe Sie sich Ausgangspunkt, Gedankengänge und Argumentationen des Textes leicht merken und sie jederzeit wieder mit weiteren Informationen und Details ausschmücken können.

Machen Sie es sich ruhig zur Gewohnheit, jeden Tag für einige Minuten die Grenzen Ihrer Lesekapazität zu erforschen - und zu erweitern!

Stoppen Sie hin und wieder Ihre Lesezeit an ausgewählten Texten, so werden Ihnen Ihre Fortschritte schnell deutlich werden!

Wählen Sie sich einen ruhigen Platz für Ihre Lektüre. Achten Sie auf gutes Licht und sorgen Sie dafür, daß Sie sich möglichst ungestört konzentrieren können.

Es ist wichtig, daß Sie Ihre Übungen bei der Lektüre von wichtigen Texten regelmäßig betreiben, und zwar mit der gleichen Intensität, die Sie auch für Aufgaben aus dem Berufsleben aufbringen. Das fällt Ihnen in einer harmonischen Umgebung natürlich um so leichter.

Sie werden sehen:

Sie sparen nicht nur Zeit ein; Sie nützen die Zeit, die Sie mit Lesen zubringen, auch viel produktiver aus.

Aufgabe

A

Lesen Sie nun das ganze Kapitel «Lernen Sie lesen!» noch einmal durch.

Wieviel Zeit benötigen Sie jetzt dafür?
Lesezeit: __________ Sekunden

B

Fassen Sie zusammen: Welches sind für Sie die wichtigsten Regeln?

1.
2.
3. ...

Die Gedanken eines Menschen sind normalerweise schneller als seine Lesegeschwindigkeit. Wenn Ihre Augen nun den Wettlauf mit dem Gehirn aufnehmen, hat das einige positive Konsequenzen:

- Sie denken mehr und Sie denken klarer,
- Sie konzentrieren sich leichter,
- Sie planen mit mehr Zielstrebigkeit und Entschlossenheit,
- Sie setzen Ihr Denken bewußter und effektiver in Handlung um.

Und genau das macht den Unterschied aus zwischen dem schlichten Erledigen einer Tätigkeit und dem Willen, auch an einfachen Dingen zu lernen und Erfolg zu haben.

Aufgabe

Lesen Sie zum Schluß die folgende Textseite unter Anwendung sämtlicher Lesetricks und -kniffe, die wir Ihnen in diesem Kapitel verraten haben.

Wieviel Zeit benötigen Sie jetzt dafür?
Vor Ihren Leseübungen hätten Sie etwa 90 Sekunden gebraucht!

«Als Tesla Student war, kam es eines Tages im Hörsaal zu einem Zwischenfall. Der Klasse wurde ein damals gebräuchlicher Dynamo vorgeführt. Der junge Erfinder, der zu jener Zeit seine Fähigkeit zum Visualisieren bereits in hohem Grade zu meistern gelernt hatte und sich auf dem Gebiet des Baus von Elektromaschinen für besonders kundig hielt, wies darauf hin, daß man nach nur wenig veränderten Prinzipien einen leistungsfähigeren Dynamo bauen könne. Sein Professor belehrte daraufhin die Klasse über die Unmöglichkeit dessen, was der junge Tesla da vorgeschlagen hatte. Dieser fühlte sich herausgefordert:

‹Ich begann damit, mir im Geist eine Gleichstrommaschine vorzustellen, sie in Betrieb zu setzen und dem sich ändernden Fließen des Stroms in der Armatur zu folgen. Dann stellte ich mir einen Wechselstromgenerator vor und untersuchte die Vorgänge in der Maschine auf dieselbe Weise. Als nächstes visualisierte ich Systeme, die aus Motoren und Generatoren bestanden, und ließ sie auf verschiedene Weise funktionieren. Die Vorstellungsbilder waren für mich vollkommen real und greifbar. Das restliche Semester verbrachte ich mit intensiven, aber fruchtlosen Bemühungen dieser Art und gelangte beinahe zu der Schlußfolgerung, das Problem sei unlösbar...

Als ich es danach erneut anpackte, bedauerte ich fast, daß das Ringen bald zu Ende sein würde, obwohl ich noch viel Energie in mir spürte. Ich war an diese Aufgabe nicht mit der normalen Entschlossenheit eines Experimentators herangegangen. Ich sah darin eine heilige Aufgabe, eine Frage von Leben und Tod. Ich wußte, ich würde umkommen, wenn ich versagen sollte. Nun spürte ich auf einmal, daß die Schlacht gewonnen war. Irgendwo in der Tiefe meines Gehirns lag die Lösung, ich konnte sie nur noch nicht formulieren.›»

(Aus: Harman/Rheingold: Die Kunst, kreativ zu sein, S. 82 f.)

KAPITEL 11

Erkenne Dich selbst!

«Werde der Du bist.»

SCHELLING

1. Grundwissen: Die 4 Elemente

Das Wissen von den 4 Elementen *FEUER / WASSER / LUFT / ERDE* läßt sich im täglichen Leben vielfach praktisch anwenden. Es dient als Universalschlüssel, mit dem Sie Ursachen ergründen, Situationen meistern und Auswirkungen steuern können.

Wir werden Ihnen erläutern, wie Sie sich selbst und Ihre Mitmenschen nach den 4 Elementen einschätzen und richtig (be-)handeln, so daß Sie aus jeder Situation und Begegnung für sich an Weisheit und Erfahrung gewinnen werden.

Bei allen Unternehmungen im Leben müssen Sie zuerst ergründen, was für eine Art Kraft im Spiel ist und zu welchem Element sie gehören. Lesen Sie deshalb die folgenden Ausführungen aufmerksam und konzentriert durch:

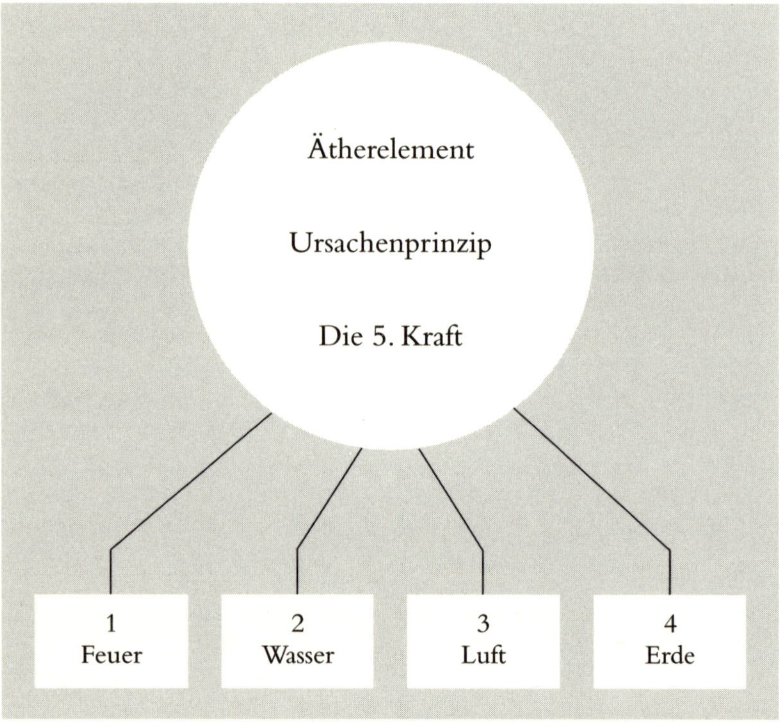

Die 4 Elemente sind auch heute noch ein sehr umstrittenes Prinzip. Im Altertum bildeten sie die Grundlage zu einem universellen, allumfassenden Wissen. Da Wissen auch mißbraucht werden kann, wurden die Elemente als Universalschlüssel, speziell in Ägypten und Griechenland, geheimgehalten.

Im Sinne dieser alten Tradition haben Sie heute als Genie-Anwärter die Aufgabe, stückchenweise, sozusagen wie bei einem Puzzle-Spiel, in dieses alte und geniale Weltbild einzudringen. Betrachten Sie es wie ein Kreuzworträtsel. Üben Sie dabei Ihre Synthese-Intelligenz. Die Kunst der Analyse beherrschen Sie ja schon von der Schule her. Vor allem mit dem folgenden Kapitel «Analogie» wird es Ihnen gelingen, zu völlig neuen Einsichten und Erkenntnissen zu kommen. Und damit befinden Sie sich dann auf der Spur der allergrößten Genies, die teils im verborgenen blieben und von denen oft nur ihre Schüler an die Öffentlichkeit traten.

Schauen Sie dieses Kapitel als eines der geheimnisvollsten und interessantesten Aufgaben des Buches an. Mehr wollen wir noch nicht verraten, damit Sie die Kraft des inneren Suchens von Anfang an in sich selbst entwickeln können. Sobald Ihnen das erste Eindringen in dieses fremde Gebiet gelungen ist, werden Ihre Erkenntnisse rascher wachsen, und Sie werden nicht enttäuscht sein. Ist es nicht gerade dann am spannendsten im Leben, wenn wir etwas völlig Neuem begegnen?

Die früheste historische Grundlage zu den 4 Elementen finden wir in den alten Veden. Im speziellen in der indischen Ayurvedischen Medizin.

Elemente-Anschauungen stammen aus dem indischen, ägyptischen und griechischen Altertum und haben wegen ihrer Naturgesetzlichkeit heute noch unverändert universelle Gültigkeit, wie z.B. die vier Jahreszeiten.

In dem Buch «Gnade allein»* schreibt der Veden-Kenner Vasant V. Paranjpe:

«Es ist interessant, das grundlegende Verhältnis der Vedischen Seher zu den fünf Elementen zu studieren, welche sind: Materie (Erde), Flüssigkeiten (Wasser), Feuer (Licht), Elektrische Bewegung (Luft) und der feinstoffliche Bereich (Äther). Das Feuer, welches in der Mitte steht, wirkt als Bindeglied zwischen den beiden ersten und den beiden letzten Elementen. Erde und Wasser haben eine erniedrigende,

* Das Buch «Gnade allein» und das Buch «Satsang I» sind im Eigenverlag bei Herrn Werner Metzger, 78234 Engen bei Singen, Tel. 077 33-76 54, erhältlich.

während Luft und Äther eine erhöhende Neigung haben. Wenn Erde und Wasser mit Feuer in Berührung kommen, werden sie in die beiden letzten Elemente verwandelt. Dies beweist indirekt, wie das Feuer jene erhebt, die mit ihm in Berührung kommen.»

Wenn wir hier einfach nahtlos weiterschreiben, so entspricht das Wasser-Element den Gefühlen des Menschen, Erde ist alles Dichtere und Strukturbetonte. Beide sind nicht als stofflich anzusehen. Ebenso entspricht das Feuer-Element der Willenskraft und das Luft-Element den Gedanken. Wir können sogar so weit gehen, uns auch das Erd-Element als verdichtetes, fühlbares Flair vorzustellen. Unsere stoffliche Welt ist daher nur eine Widerspiegelung der feinstofflichen Energien in uns und um uns herum. Eine sogenannte Analogie, von höherer Warte aus betrachtet.

Der indische Autor Vasant V. Paranjpe schreibt in seinem Buch «Satsang» auf Seite 244:

«Die Veden gießen Licht auf alle Bereiche der Schöpfung. Sie beschreiben die verschiedenen Energiearten. Sie erwähnen ebenfalls einen Weg, der zu einem harmonischen Wirken dieser Energieeerscheinung beiträgt, was zu Frieden und Gedeihen führt. Wenn wir mehr Erleuchtung bezüglich Zeit, Raum, Unendlichkeit, EINE Höchste Gottheit, die unzähligen Universen, von denen unser Sonnensystem nur ein winziger Fleck ist, und andere solche Themen suchen, dann müssen wir uns auf die Veden beziehen, da wir in ihnen ein Wissen offenbart haben, das die ganze Schöpfung umfaßt. Die Veden sind d i e erste Quelle des Wissens, und wenn der Wissenschaftler seine Forschung im Lichte dieses Wissens neu orientiert, dann wird er bei seinen Bemühungen viel Erfolg haben. Wissenschaft bedeutet gemeinhin Erforschung der Gesetze der Welt, der Natur. Angewandte Wissenschaft heißt, das Wissen um ein Gesetz dazu benutzen, um ein anderes zu überwinden. Dem Wissenschaftler bei seiner Forschungsarbeit behilflich zu sein ist letztlich ein Teil vedischer Weisheit. Die Veden zeigen uns den Weg der Selbstverwirklichung.»

Wenigen Menschen im heutigen Zeitalter ist es gelungen, dieses alte Wissen wieder neu zu erforschen und in der Welt der Gegenwart anzuwenden. Zu diesen wenigen Forschern gehört unter anderem Hajo Banzhaf mit seinem neuen Buch «Der Mensch in seinen Elementen» (Goldmann Taschenbuch).

Wir beginnen mit den Polaritäten der beiden Grundelemente:

FEUER-Fluid	*WASSER-Fluid*
Hitze	Kälte
Ausdehnung	Zusammenziehung
Tag	Nacht
männlich	weiblich
elektrisch	magnetisch
aktiv	passiv
hell	dunkel
Licht	Schatten
Sonne	Mond
trocken	naß
brennen	löschen

Das Feuer kann ohne das Wasser nicht bestehen und umgekehrt. Beide Elemente sind einander kräftemäßig gleichgestellt. Der Unterschied zwischen ihnen besteht darin, daß die eine Kraft elektrisch und ausdehnend, die andere dagegen magnetisch und zusammenziehend ist.

Als nächstes entstand das *Luft-Element*. Es hat Eigenschaften von beiden Grundelementen übernommen und spielt sozusagen eine Vermittlerrolle zwischen Feuer und Wasser, indem es das neutrale Gleichgewicht herstellt. Durch das Luft-Prinzip kam die Schöpfung in Bewegung: Es hat vom aktiven Feuer die Wärme und vom passiven Wasser die Feuchtigkeit übernommen und erschafft aus dieser Wechselwirkung Leben und Abwechslung.

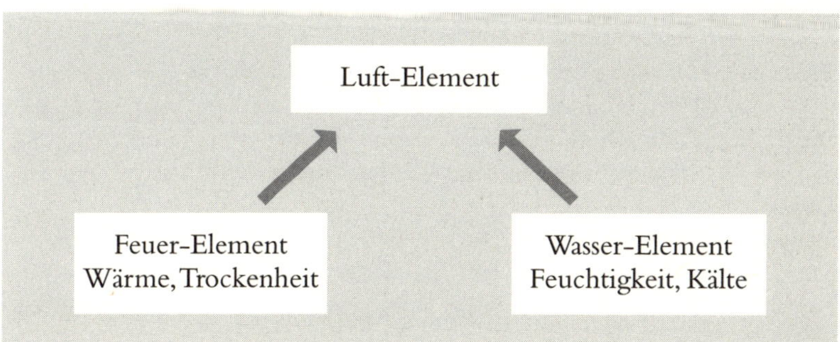

Aus dem Zusammenwirken dieser drei Elemente entstand nach dem Prinzip des Gleichgewichts das *Erd-Element*, Gegenpol zur Luft.

Das Erde-Prinzip brachte als grobstofflichstes aller Elemente die Abgrenzungen: Raum, Gewicht, Masse, Zeit. Es hält alles zusammen, bleibt aber ohne die Einwirkung von Feuer, Wasser und Luft bewegungslos.

Feuer und Wasser sind die Grund-Elemente, aus denen alles erschaffen wurde. Das Luft-Element ist der Vermittler, die Erde das Produkt.

Wasser und Feuer sind lebendige Elemente und haben großen Einfluß im privaten Bereich; Luft- und Erd-Element dagegen sind objektiv und von Bedeutung für das berufliche Leben.

Dabei sind «aktiv/passiv» und «plus/minus» (auch «männlich/weiblich») keine wertenden Aussagen wie «positiv/negativ»:

Passiv ist die der Aktivität entgegengesetzte Kraft; der Minus-Pol einer elektrischen Leitung ist genauso wichtig wie der Plus-Pol. Der Mann ist die erzeugende Kraft, die Frau ist das empfangende Prinzip:

Beide müssen sich ergänzen, weil sie sonst keine Möglichkeit haben, sich umzusetzen.

Beispiel für typisch gegensätzliche Elemente-Eigenschaften:

Feuer	schöpferisch	erzeugend
Wasser	ernährend	erhaltend
Luft	regulierend	bewegend
Erde	haltend	formgebend

Wenn ein Element im Gleichgewicht ist und die Kraft positiv genutzt wird, egal ob ausdehnend oder zusammenziehend, kann man sie als aktive Energie betrachten. Sobald aber eine Kraft extrem wird, bringt sie in ihrer Ausprägung ein Ungleichgewicht mit sich und stört die Harmonie.

Es ist also nie das Element an sich, das positiv oder negativ ist, sondern es kommt immer darauf an, wie seine Kräfte eingesetzt und genutzt werden.

Ein Beispiel:

Sie machen Feuer, um sich damit Ihr Essen zu wärmen; Sie nutzen die positiven Eigenschaften des Feuer-Elements. Solange Sie die Kraft unter Kontrolle haben, wirkt sie sich positiv aus.

Wenn Sie nun aber maßlos mit dieser Feuer-Energie umgehen, verbrennt Ihr Essen und Sie entfachen u.U. einen Waldbrand. Dieselbe Kraft wie vorher hat also negative Auswirkungen, weil Sie die Kontrolle darüber verloren haben.

Aufgabe

Finden Sie ein entsprechendes Beispiel für
a) das Wasser-Element,
b) das Luft-Element,
c) das Erd-Element!

Dieses Prinzip des Maßhaltens gilt auch für die Elemente-Kräfte, die in uns herrschen: Wir alle haben 4 Temperamente. Von der Schule her kennen Sie sicherlich noch die 4 Menschen-Typen:

Bezeichnung	***Element***	***Entsprechung***	
Choleriker	Feuer	Wille	aktiv
Melancholiker	Wasser	Gefühl	passiv
Sanguiniker	Luft	Theorie	aktiv
Phlegmatiker	Erde	Praxis	passiv

Das beste wäre nun, die Kräfte dieser 4 Typen in uns wären alle gleich stark - dann wären wir ausgeglichen, vollkommen und genial (und bräuchten auch dieses Buch nicht durchzuarbeiten). Leider ist es aber so, daß bei den meisten Menschen ein oder zwei Elemente stärker ausgeprägt sind; wenn Sie sich das bewußt machen, können Sie mit den entsprechenden Eigenschaften und Verhaltensweisen des entgegengesetzten Elements ausgleichen.

Schon die alten Griechen haben das Universum in 4 Elemente unterteilt und Vergleiche zwischen den Vorgängen in der Natur und der inneren und äußeren Natur des Menschen angestellt. Aristoteles war der erste, der diese Kenntnisse in ein System brachte und somit die Grundlagen zur Geburt ihrer Wissenschaftlichkeit schuf. Es gab z.B. folgende Zuordnung:

Feuer:	Religion und Theologie
Wasser:	Medizin und Liebe
Luft:	Philosophie und Denk-Systeme, Kreativität
Erde:	Gesetzgebung, Staatslenkung, Finanzen, Ordnung.

Wir werden uns im folgenden Kapitel noch ausführlich mit den Eigenschaften befassen, die den 4 Elementen zugeordnet werden, und wir werden versuchen aufzuzeigen, welche Auswirkungen sie auf menschliche Charaktere und Verhaltensweisen haben.

Mit dem 4-Elemente-Schlüssel werden Sie Ihre Persönlichkeit klarer erkennen und bewußter steuern können!

Hier noch eine elementare Zusammenstellung der 4 Grundprinzipien:

FEUER elektrisch	***WASSER*** magnetisch	***LUFT*** wechselnd	***ERDE*** beides
heiß + trocken	kalt + naß	heiß + naß	kalt + trocken
Wille	Gefühl	Theorie	Praxis
Wollen	Wissen	Wagen	Schweigen
Ausdehnung	Zusammenziehung	Säen	Ernten
Sommer	Winter	Frühling	Herbst
Süden	Norden	Osten	Westen
dynamisch	ruhig	abstrakt	konkret
aktiv-willensstark	seelisch-wirkend	geistig-strebend	stofflich-real
Typisches Verhalten:			
männlich	weiblich	kreativ	pragmatisch
Bezieht die Energie aus:			
Sonne und Aktivität	Wasser und Gefühlen	Luft und Gedanken	Erdkontakt u. Materiellem
Läßt sich motivieren durch:			
Inspiration und Ziele	emotionale Sehnsüchte	intellektuelle Vorstellungen	materielle Bedürfnisse

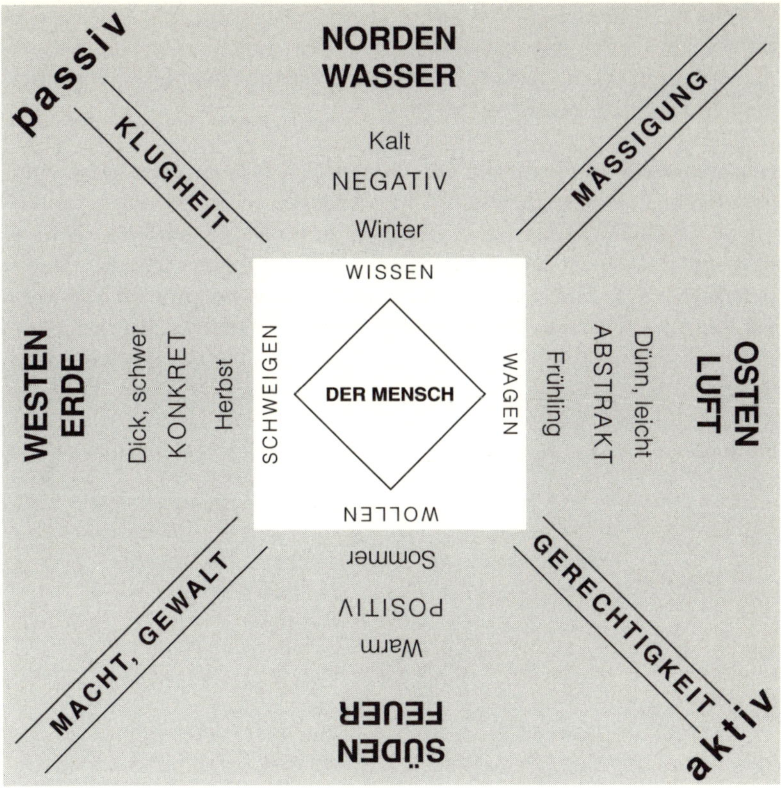

2. Die Checklisten: Elemente sind Naturgesetze

Selbsterkenntnis ist eine der wichtigsten persönlichen Voraussetzungen für dauerhaften Erfolg, egal ob beruflich oder privat. Nach Ihrer Selbsteinschätzung in bezug auf Ihre beruflichen Ziele und Wünsche haben wir Sie ja in Kapitel 8 (5. Selbsterkenntnis und Rollenspiel) schon gefragt; hier geht es nun um Ihre Persönlichkeit und Ihre Eigenschaften. Wenn Sie sich selbst richtig einschätzen können, haben Sie damit die sicherste Grundlage für eine stetige positive Entwicklung Ihres Charakters.

In Personal- und Unternehmensberatungen gibt es unzählige Persönlichkeitsmodelle, die behilflich sein sollen, Charaktere zu erkennen und einzuordnen. Bei genauem Hinsehen birgt jedes dieser Modelle Ansätze der 4-Elemente-Praktik in sich.

Das 4-Elemente-Modell selbst ist denn auch mit Abstand die einfachste und effektivste Methode, eine Persönlichkeit einzuschätzen. Außerdem ist sie die natürlichste, da sie direkt aus dem Universum und dem Naturgeschehen abgeleitet ist.

In gleicher Weise, wie die 4 Elemente sämtliche Vorgänge im Universum beherrschen, sind sie auch in jedem Menschen wirksam.

So läßt sich erklären, daß der Weg zu einer starken Persönlichkeit über das Elemente-Gleichgewicht führt. Wenn Sie innerlich ausgewogen sind, werden Sie auch mit Ihrer Umgebung zurechtkommen. Also müssen Sie zunächst damit beginnen, Ihre Fehler und Schwächen zu erkennen und das ihnen zugrundeliegende Elemente-Ungleichgewicht zu beheben.

Deshalb fangen Sie nun gleich damit an, Ihre Selbstanalyse zu erstellen:

Aufgabe

A

Machen Sie eine umfassende Liste Ihrer positiven Charakter-Eigenschaften.

Denken Sie dabei an alle möglichen Situationen und Lebensbereiche: Privatleben und Beruf, Freundeskreis, Sport usw., und notieren Sie möglichst viele und möglichst exakt formulierte Eigenschaften.

1.
2.
3. ... (mindestens 30 Eigenschaften!)

Wenn Sie nämlich Ihre Schwerpunkte und Vorzüge genau kennen, fällt es Ihnen um so leichter, diese zu betonen und sinnvoll einzusetzen. Je mehr Aufmerksamkeit Sie auf Ihre Vorzüge richten, um so weniger Platz bleibt für das Negative. Sie wissen ja:

«Stärken stärken schwächt Schwächen!»

B

Machen Sie nun genauso gründlich wie oben eine Liste Ihrer negativen Charaktereigenschaften. Seien Sie ehrlich gegenüber sich selbst.

1.
2.
3. ... (mindestens 30 Eigenschaften!)

Wenn Ihnen Ihre negativen Eigenschaften bewußt sind, haben es die Personen in Ihrer Umgebung nicht mehr so leicht, Sie zu manipulieren. Gleichzeitig können Sie an diesen Eigenschaften arbeiten und deren Einfluß verringern, so daß Sie nicht mehr aus dem Gleichgewicht geraten.

Sehen Sie sich nun die folgenden Tabellen genau an. Hier sind gegen 500 positive und negative Eigenschaften aufgelistet und den 4 Elementen zugeordnet.*

* Einer Gefahr der Selbst-Überschätzung können Sie durch Bescheidenheit, Geduld und Intuition gegensteuern.

DIE WILLENS-EIGENSCHAFTEN

Positive Auswirkung:

aktiv
anerkannt
antriebsstark
autoritär
begeisterungsfähig
beherrschend
draufgängerisch
dynamisch
ehrgeizig
eifrig
einflußreich
emsig
energisch
enthusiastisch
entschlossen
erfolgreich
feurig
führungsfähig

großartig
großzügig
heiter
humorvoll
ideenreich
impulsiv
kreativ
kühn
lebhaft
mächtig
mutig
offen
optimistisch
originell
rassig
redegewandt
reizvoll
schwungvoll

selbständig
selbstsicher
siegreich
sportlich
stolz
tapfer
tätig
tatkräftig
temperamentvoll
unaufhaltsam
unbeirrt
unkompliziert
unschlagbar
unsentimental
unterhaltsam
wachsam
warm
willensstark

Negative Auswirkung:

aggressiv
angriffslustig
anstandslos
aufbrausend
begierig
diebisch
egozentrisch
eifersüchtig
eigensinnig
eitel
empfindlich
erregbar
explosiv
feindselig
geltungsbedürftig
gewaltsam
gewissenlos
gnadenlos
grausam
grob
heftig
herrschsüchtig
herzlos
hinterlistig

hochmütig
intolerant
kritisch
lärmig
lasterhaft
machthungrig
maßlos
mißgünstig
mürrisch
neidisch
nervös
oft unrealistisch
rachsüchtig
rastlos
rechthaberisch
reizbar
rücksichtslos
selbstgefällig
streitsüchtig
stolz
treulos
triebhaft
trotzig
überheblich

unbeherrscht
unberechenbar
unbeständig
undiszipliniert
uneinsichtig
ungenau
ungerecht
unkontrolliert
unpünktlich
unordentlich
unruhig
unüberlegt
unverantwortlich
unvernünftig
unzuverlässig
wechselhaft
wichtigtuerisch
wütend
zerstörerisch
zerstreut
ziellos
zornig
zu leidenschaftlich

DIE GEFÜHLS-EIGENSCHAFTEN

Positive Auswirkung:

anziehend
aufopfernd
barmherzig
behutsam
bescheiden
beschützend
demütig
duldsam
einfühlsam
empfänglich
empfindsam
enthaltsam
fein
friedlich
fügsam
galant
geduldig
gefühlvoll
gemütvoll
gewaltlos
gewissenhaft
gläubig
gnädig
gütig
gutmütig
herzlich
hilfsbereit
hingebungsvoll
inbrünstig
intuitiv
liebevoll
liebenswert
maßvoll
medial
mitfühlend
mitleidig
nachgebend
ruhig
romantisch
rücksichtsvoll
sanft
sauber
sensibel
sentimental
sorgfältig
sozial
taktvoll
tiefbewegt
tolerant
träumerisch
treu
tröstend
vorsichtig
weich
zart
zufrieden
zurückhaltend
zuverlässig

Negative Auswirkung:

abhängig
ängstlich
beeinflußbar
besorgt
depressiv
distanziert
düster
empfindlich
entmutigt
frustriert
furchtsam
gedankenschwer
gekränkt
gleichgültig
grüblerisch
hilflos
introvertiert
kalt(blütig)
kaltherzig
langweilig

langsam
leidend
lustlos
menschenscheu
mutlos
nachgiebig
nachlässig
niedergeschlagen
ratlos
reserviert
resigniert
reumütig
scheu
schwermütig
schüchtern
schutzlos
selbstmitleidig
teilnahmslos
trotzig
unbeweglich

unentschlossen
unglücklich
untätig
unsicher
übervorsichtig
verbittert
verloren
verständnislos
verunsichert
verwundbar
verzagt
verzweifelt
wehleidig
willenlos
zweifelnd

DIE DENK- UND KREATIVITÄTS-EIGENSCHAFTEN

Positive Auswirkung:

analysierend
anpassungsfähig
außenorientiert
anständig
aufgeweckt
begabt
beschwingt
beweglich
charmant
diplomatisch
ehrlich
erfinderisch
expandierend
fast unschlagbar
fleißig
freiheitsliebend
freundlich
friedenstiftend
froh
forschend
gerecht
gesellig
gewandt
gutherzig
heiter
humorvoll
idealistisch
ideenreich
interessiert
kontaktfreudig
lebhaft
leistungsfähig
offenherzig
optimistisch
risikofreudig
ritterlich
ruhmreich
schöpferisch
schnell
schwungvoll
teilnahmsvoll
trocken
überzeugend
unternehmungslustig
vorbildlich
wendig

Negative Auswirkung:

auflehnend
ausweichend
eitel
fahrlässig
flatterhaft
flüchtig
frech
geringschätzig
haltlos
indiskret
inkonsequent
instabil
klatschsüchtig
leichtgläubig
leichtsinnig
liederlich
mißtrauisch
närrisch
neidisch
nicht belastbar
niederträchtig
oberflächlich
ohnmächtig
oft unrealistisch
prahlerisch
schwatzhaft
treulos
töricht
unbeeindruckt
unbescheiden
unbeständig
unehrlich
unfair
ungeduldig
ungehalten
unruhig
unsanft
verschwenderisch
verstimmbar
voreilig
wankelmütig
widerstandslos

DIE PRAKTIKER-EIGENSCHAFTEN

Positive Auswirkung:

abwartend
angesehen
ausdauernd
beharrlich
behutsam
belastbar
berechenbar
besonnen
bodenständig
diszipliniert
durchsetzend
einfach
erfahren
erhaltend
ernst
ernsthaft
exakt
fähig
folgsam
gegenwärtig
genau
gewissenhaft
gründlich
hartnäckig
kontrollierend
konzentriert
kräftig
maßvoll
mustergültig
nüchtern
nützlich
ordentlich
ordnungsliebend
perfekt
pflichtbewußt
präzise
praktisch
pünktlich
realistisch
ruhig
sachlich
schweigsam
selbstlos
standhaft
stetig
streng
tadellos
teilweise unfehlbar
treu
tüchtig
untermüdlich
verantwortungsbewußt
verläßlich
vertrauensvoll

Negative Auswirkung:

abweisend
antriebslos
begrenzt
beleidigt
bequem
bockig
dickköpfig
einfallslos
engstirnig
fad
festgefahren
furchtsam
gehemmt
geizig
habgierig
humorlos
interesselos
kleinkariert
kleinlich
kompliziert
kontaktarm
knausrig
manchmal untauglich
nachlässig
passiv
pedantisch
pessimistisch
phlegmatisch
resigniert
schwermütig
statisch
stockend
stur
träge
unbelehrbar
unbeweglich
uneinsichtig
unentschlossen
unmotiviert
verklemmt
zäh
zweiflerisch
zerbrechlich

Aufgabe

A

Gehen Sie die Aufzählung sorgfältig durch und kreuzen Sie an, welche dieser Eigenschaften auf Sie zutreffen.

B

Ergänzen Sie Ihre eigenen Listen (positiv/negativ) von der vorigen Aufgabe entsprechend.

C

Versuchen Sie, die von Ihnen gefundenen Eigenschaften in die passende Elemente-Rubrik einzutragen:

Erwünschte Eigenschaften (positiv):

Feuer	Wasser	Luft	Erde	Noch unsicher

Weniger erwünschte Eigenschaften (negativ):

Feuer	Wasser	Luft	Erde	Noch unsicher

C

Werten Sie aus:

In welcher Spalte haben Sie die meisten Eigenschaften stehen?

3. Die Auswertung

Bei jedem Menschen überwiegen tendenziell zwei Elemente. So bestimmen die Einwirkungen des vorherrschenden Elements den Charakter des Menschen.

Nun wollen Sie sicherlich Ihre negativen Eigenschaften mildern oder gar verändern. Wenn Sie dazu jeweils mit dem entgegengesetzten Element arbeiten, werden Sie bald jedes Problem zu lösen wissen.

Ein Beispiel

Sie neigen dazu, bei jeder kleinsten Kritik, die an Ihnen geübt wird, aus der Haut zu fahren und loszutoben. Sie aktivieren eine negative Feuerkraft. Ausgleichen können Sie diese durch «Wasser-positiv», also mit Verständnis, ruhigem Zuhören, Bescheidenheit, Ausdauer etc.

Oder:

Sie erhalten jeden Monat eine Rechnung nach der anderen. Dieses «Erde-negativ» (materielle Güter) verbinden Sie mit «Luft-positiv»: Sie setzen sich hin und überlegen, was Sie tun können, damit Ihre Verschwendungssucht ein Ende findet.

Sie können also jedes Element mit dem Gegen-Element bearbeiten und werden damit garantiert erfolgreich sein, solange Sie dies in der richtigen Dosierung tun. Andernfalls wird das Gegen-Element zu stark und schlägt seinerseits ins Negative um.

Sie müssen lernen, wann und wo Sie mit welchem Element arbeiten können, damit Sie Ihre Ziele erreichen.

Ein Beispiel

Sie haben ein Problem. Dann denken (Luft-Element) Sie als erstes darüber nach, ob Sie es durch aktives (Feuer-Element) Handeln oder

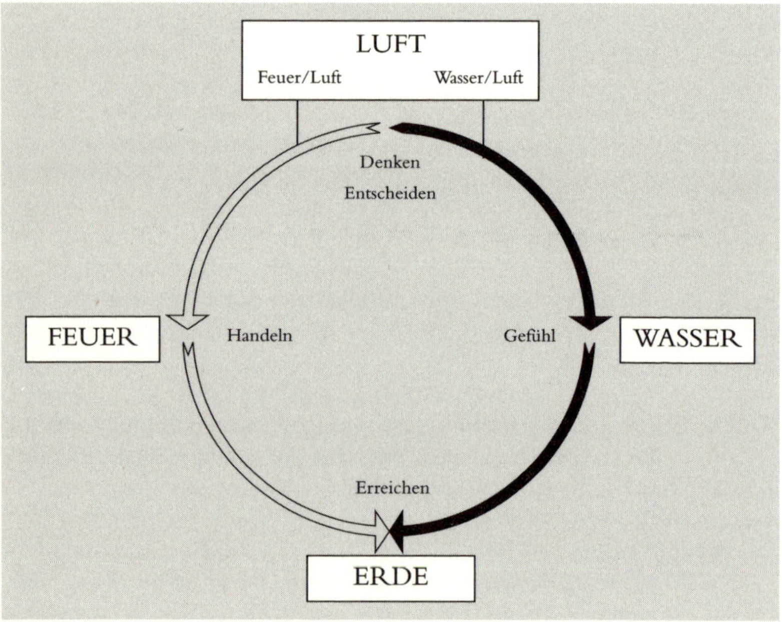

durch passives (Wasser-Element) Einfühlen lösen können. Wenn Sie sich für den richtigen Weg entscheiden, werden Sie Ihr konkretes (Erde-Element) Ziel mit Sicherheit erreichen.

Auf dem Feuer-Weg kommen Sie durch Ausdauer und Zielstrebigkeit voran: Sie haben Mut und sind entschlossen, die Dinge anzupacken, und so erledigen Sie die anfallenden Arbeiten mit Leichtigkeit. Sie kennen Ihren Weg genau und setzen Ihr Erfahrungswissen täglich neu in die Praxis um.

Auf dem Wasser-Weg dagegen werden Sie erst einmal Geduld üben und abwarten, wie sich die Dinge entwickeln. Sie vertrauen auf das Gesetz von Ursache und Wirkung, und weil Sie bewußt auf Ihre innere Stimme hören, gelingt Ihnen vieles leichter.

Um nun das Erd-Element (in diesem Fall: die Problemlösung, das Ziel) zu überblicken, brauchen Sie auch genügend «Luft». Damit bringen Sie Bewegung in starre Gegebenheiten. Andererseits löst sich eine gute Idee schnell wieder auf, wenn Sie sie nicht materialisieren, d.h. «auf dem Boden» konkretisieren.

Ein Künstler z.B. setzt viele Aspekte von Luft (Ideen) und Wasser (Gefühl) um. Doch allein damit kann er sein Produkt noch nicht verkaufen

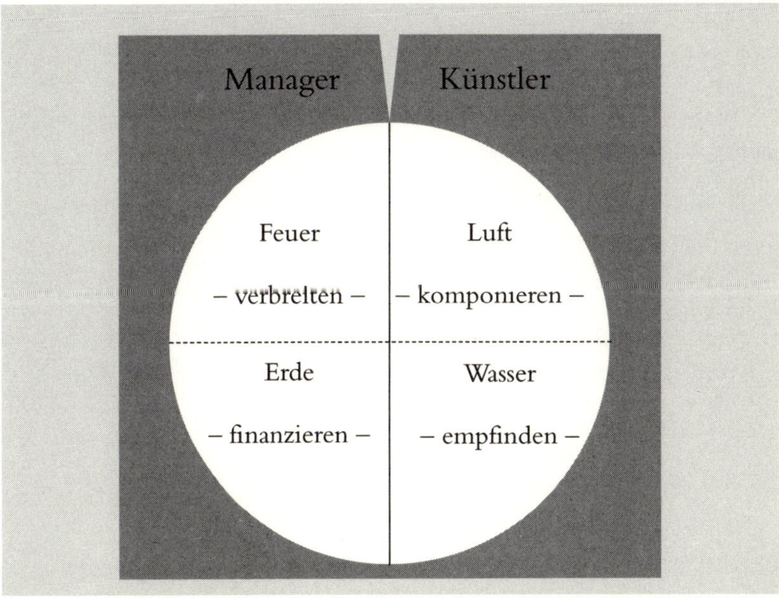

und hat Schwierigkeiten, im Alltag zu überleben. Deshalb wendet er sich an einen Manager, der mit den entgegengesetzten Elementen Erde (Geld) und Feuer (Expansion) arbeitet und so eben die Produkte des Künstlers gut verkaufen kann:

Der Manager und der Künstler können nur zusammen erfolgreich werden, wenn sie sich gegenseitig in ihrer Verschiedenheit akzeptieren und ihre gegensätzlichen Begabungen zu einer Einheit verschmelzen können. Wenn das nicht gelingt, bleibt ein Ungleichgewicht bestehen, und es ist keine produktive Zusammenarbeit möglich.

Überprüfen Sie nun einmal, welche Elemente-Einflüsse, einzeln oder in Kombination, bei Ihnen eine wichtige Rolle spielen:

Aufgabe:

A

Notieren Sie sich die zehn wichtigsten Ereignisse Ihres bisherigen Lebens (möglichst eher positiv!):

1.
2.
3. ... (bis 10.)

B

Welche (positiven bzw. negativen) Elemente-Kräfte waren in der jeweiligen Situation am Werk?

1.
2.
3. ... (bis 10.)

C

Bewerten Sie die einzelnen Ereignisse:

Wenn Sie Ihren jetzigen Erkenntnisstand damals schon gehabt hätten, wie hätten Sie die Elemente-Kräfte eingesetzt, um genau gleich bzw. ganz anders zu handeln?

1.
2.
3. ... (bis 10.)

Wenn Sie ein bestimmtes Ziel erreichen wollen, durchlaufen Sie meist alle 4 Elemente. Sobald Sie es verstehen, die Kräfte in der jeweils richtigen Dosierung für sich arbeiten zu lassen, können Sie Ihre Wünsche leicht verwirklichen.

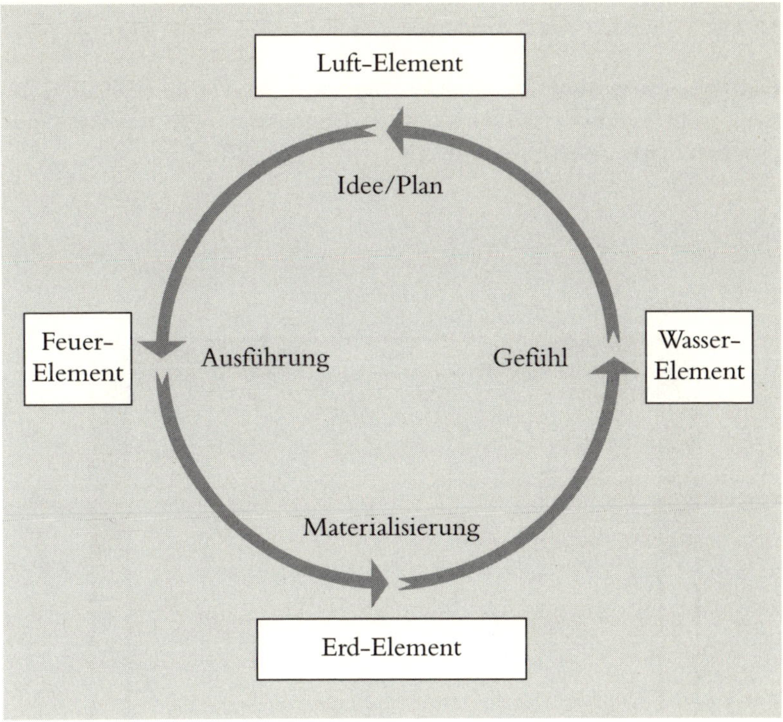

Sie können in diesen Kreislauf einsteigen, wo immer Sie wollen.

Nehmen wir an, Sie möchten jemandem eine Freude bereiten. Ihr Motivator ist in diesem Fall die Sympathie (also das Wasser-Element). Sie nutzen Ihre Kreativität und überlegen (Luft-Element), wie Sie das am besten anstellen. Wenn Sie nun eine Idee haben, werden Sie aktiv (Feuer-Element) und setzen sie in die Tat um; so kommt durch das Zusammenwirken dieser drei Elemente eine Materialisierung (Erd-Element) Ihres Planes «Freudebereiten» zustande. Sie selbst freuen (Wasser-Element) sich über Ihr «Produkt», und damit ist der Elemente-Kreislauf wieder geschlossen und kann von vorne beginnen.

Solange Sie es schaffen, im Gleichgewicht dieser Elemente zu leben und zu handeln, bleibt dieser Kreislauf geschlossen und die Energie kann weiterfließen. Bei einem Ungleichgewicht dagegen wird der Kreislauf unterbrochen, und alles kommt zum Stillstand. Wenn Sie dann die undichte Stelle finden, können Sie mit Hilfe der entgegengesetzten Kraft den nötigen Ausgleich wiederherstellen.

Das Quadrat symbolisiert das Gleichgewicht der Elemente-Kräfte, die nicht gegeneinander wirken, sondern gemeinsam, jede Kraft mit der gleichen Stärke, eine Einheit bilden:

Arbeiten Sie jeden Tag, in jeder nur möglichen Situation mit den 4 Elementen, bis diese Ihnen gewissermaßen in Fleisch und Blut übergehen.

Wenn Sie jede beliebige Eigenschaft dem entsprechenden Element zuordnen können, wissen Sie sofort, woher ein Problem kommt und mit welcher Elemente-Kraft Sie es lösen können. Setzen Sie das Gelernte wieder in die Praxis um, und Sie werden jeden Tag neue Erkenntnisse haben.

Mit den 4 Elementen haben Sie einen Schlüssel in der Hand, der Ihnen alle Türen im Leben öffnet!

4. Menschenkenntnis

Je tiefer Sie nun in die Selbsterkenntnis einsteigen, um so leichter wird es Ihnen fallen, auch den Charakter und die Verhaltensweisen Ihrer Mitmenschen einzuordnen. So können Sie Schritt für Schritt Ihre Reaktion auf Ihre Umgebung bewußter steuern, indem Sie

- die anderen beobachten,
- ihre Eigenschaften erkennen und einordnen,
- ihr Verhalten vorhersehen.

Sie verstehen die Gründe für die Reaktionen Ihrer Mitmenschen und können sie leicht den verschiedenen Elementen zuordnen; das macht es für Sie um vieles einfacher, den richtigen Umgangston zu finden:

Menschen, die feurig und dynamisch sind, bei denen immer etwas geschehen muß, die aktiv wirken und sich ständig in den Vordergrund drängen, legen ausgeprägte Eigenschaften des *Feuer*-Elements an den Tag. Ihnen begegnen Sie am besten mit Wohlwollen und Gelassenheit

Der Gefühlsmensch dagegen, der sich in der Geborgenheit und im engen mitmenschlichen Kontakt wohl fühlt, zeigt mit Güte und Empfindsamkeit typische *Wasser*-Eigenschaften. Er läßt sich durch Festigkeit und eine klare Linie lenken.

Dann gibt es noch die *Luft*-betonten Ideenkünstler, die sich nicht festlegen lassen, die flexibel und kreativ sind und allen Zwängen und Bindungen aus dem Weg gehen. Sie lassen sich am ehesten durch Beständigkeit führen.

Das *Erd*-Element schließlich verkörpert sich im strukturliebenden Systematiker, der an Ordnung und Gesetzmäßigkeiten festhält. Er ist genauer, pünktlicher und etwas langsamer als die anderen Typen, und ihn behandeln Sie am besten mit heiterer Großzügigkeit.

Durch gezielte Beobachtung Ihrer Mitmenschen können Sie mit dem 4-Elemente-Test die herausragenden Tendenzen leicht feststellen. Seien Sie sich aber im klaren darüber, daß die Reaktionen gerade in Extremsituationen sehr leicht ins direkte Gegenteil umschlagen können - wodurch natürlich Ihre Beobachtungen wieder bestätigt werden.

Ein Beispiel

Ihr bester Freund wird von seiner Freundin verlassen. Er sitzt zunächst zu Hause und bläst Trübsal. Das ordnen Sie zu Recht unter «Wasser-negativ» ein. Nach ein paar Tagen rafft er sich auf und geht wieder unter die Leute (Feuer-positiv), er bekämpft also sein Problem ganz geschickt mit der entgegengesetzten Kraft. Leider aber übertreibt er und stürzt sich vehement ins Nachtleben der Diskotheken; und aus der Überdosierung der Gegenkraft wird negative (Feuer-)Energie, die er dann wiederum durch den Gegenpol Wasser-positiv, durch Besinnung auf echte Gefühle und ruhiges Abwarten auffangen und ausgleichen sollte.

So erkennen Sie wieder einmal im Gegensatzdenken, ob Sie mit Ihrer ursprünglichen Einschätzung der Eigenschaften richtig gelegen haben. Mit der Zeit werden Sie sogar ein Gespür dafür bekommen, wann die zur jeweiligen Persönlichkeit passende Spannung zwischen den Elementen ihren Höhepunkt erreicht und eine Kraft in ihr Gegenteil umschlägt.

Durch die genaue Beobachtung dieser Abläufe bei Ihren Mitmenschen lernen Sie natürlich automatisch, dieselben Mechanismen auch in Ihrem eigenen Verhalten zu erkennen und sogar vorherzusehen, so daß Sie schon bald rechtzeitig eingreifen können: Dann vermeiden Sie die Eskalation einer Kraft ins Übermaß, die für das innere Gleichgewicht ausgesprochen negativ wäre. Sie bleiben ausgeglichen und ruhig und lassen sich immer weniger von außen manipulieren.

Aufgabe

Denken Sie an drei Menschen, die Sie gut kennen.
Es spielt keine Rolle, in welchem Verhältnis Sie zu Ihnen stehen (Oma, Sohn, Nachbarin, Chef ...).

A

Notieren Sie nacheinander von jedem der drei die 20 hervorstechendsten Eigenschaften:

1.	1.	1.
2.	2.	2.
3. ... (bis 20)	3. ... (bis 20)	3. ...

Und ordnen Sie diese Eigenschaften jeweils in die Elemente-Tabelle auf S. 158 und S. 159 ein.

Ziehen Sie Ihre Folgerungen:
Welche Elemente-Kräfte überwiegen?
1.
2. ... (jeweils zwei Tendenzen!)

B

Hat die betreffende Person ein charakterliches Ungleichgewicht und wenn ja, erkennt sie es auch?
Welche (vorsichtigen!) Ratschläge würden Sie diesen drei Menschen gerne geben?
1.
2.
3. ... (jeweils 3 Ratschläge!)

C

Können Sie etwas von diesen Erkenntnissen auch für sich persönlich nutzen?
1.
2.
3. ... (mindestens 5 Möglichkeiten!)

Sehen Sie Parallelen oder Gegensätze zu Ihrem eigenen Charakter?

Parallelen:	Gegensätze:
1.	1.
2.	2.
3. ...	3. ...

(mindestens je 5 Punkte!)

D

Und wie setzen Sie Ihre Erkenntnisse nun um in bezug auf Ihre Beziehung zu dem jeweiligen Menschen?

1.
2.
3. ... (mindestens 5 Ideen!)

An dieser Stelle möchten wir Sie davor warnen, verehrte Leserin, verehrter Leser, auf Verhaltensweisen und Eigenschaften anderer Menschen massiven Einfluß zu nehmen. Jeder Mensch hat eine ihm eigene Sichtweise der Dinge und vor allem eine eigene Einschätzung seiner Persönlichkeit. Sie beruht auf den Situationen die (nur!) er erlebt hat und auf den Erfahrungen, die er dabei gemacht hat, und sie ist natürlich durch sein subjektives Erleben geprägt.

Wenn Sie nun jemandem ganz direkt und unverblümt Ihre Meinung sagen über sein Verhalten oder seinen Charakter, beurteilen Sie ihn gleichsam von außen; und es ist nur verständlich, wenn der Angesprochene sich dagegen wehrt und seine eigene Anschauung verteidigt.

Sie dürfen zwar kleine Hinweise geben und die eine oder andere Andeutung machen, doch konfrontieren Sie andere Menschen nicht mit Ihren unumstößlichen Ansichten. Damit würden Sie nur deren Selbstbild angreifen oder gar zerstören. Die Selbsteinschätzung eines jeden hat einen hohen Stellenwert:

«Des Menschen Wille (und Sichtweise) ist sein Himmelreich.»

Am geschicktesten gehen Sie natürlich vor, wenn Sie Ihre Mitmenschen nach dem sokratischen Prinzip beeinflussen:

Sokrates pflegte seine Schüler nicht zu belehren, sondern er stellte ihnen intelligente Fragen, und die Schüler konnten auf der Suche nach der passenden Antwort zu Wahrheit und Selbstentfaltung finden.

Sie können Ihre Mitmenschen nun nach ihren essentiellen Elemente-Eigenschaften in die 4 Lerntypen einordnen:

Der Willensmensch (Feuer) lernt hauptsächlich bildhaft über das Auge. Er orientiert sich sehr selbstbewußt und kann Vorstellungen leicht umformen und gezielt steuern.

Der Gefühlsmensch (Wasser) lernt leichter über das Ohr und möchte das Erlernte auch erleben. Er braucht Orientierung an Äußerem und lehnt sich gerne an Bekanntes an.

Der Theoretiker (Luft) ist sehr kreativ und liebt die Idee um der Idee willen. Er redet oft und gerne.

Der Praktiker (Erde) liebt Bewährtes und läßt nur gelten, was anwendbar ist. Er braucht Strukturen, Ordnung und Genauigkeit, er vermeidet Veränderungen, schweigt und sammelt und hält an Traditionen fest.

Mit dieser Klassifizierung im Hinterkopf werden Sie bestimmt einen Weg finden, wie Sie Ihren Mitmenschen ganz unauffällig die eine oder andere Anregung zum Ausbalancieren des inneren Gleichgewichts geben können.

Im Gegenzug gilt das natürlich auch für Ihre eigene Entwicklung:
Gehen Sie Ihren Weg alleine!

Fragen Sie nicht die anderen, was sie von Ihnen halten. Es ist *Ihr* Leben, es sind *Ihre* Charakterzüge, es sind auch *Ihre* Probleme. Sie selbst kennen sich am besten, und Sie haben auch mit Abstand die besten Möglichkeiten, Ihr Schicksal in die gewünschte Richtung zu steuern.

Wenn Sie dagegen von anderen beurteilt werden, sei es positiv oder negativ, kommen Sie nur unnötig vom eigenen Kurs ab.

Deshalb: Lassen Sie sich das Ruder nicht aus der Hand nehmen!

Wenn Sie sich nun mit dem 4-Elemente-Wissen eine Zeitlang befaßt haben, werden Sie die Menschen, denen Sie begegnen, immer schneller und exakter einordnen können:

Bald genügen Ihnen dafür ein paar Sätze, einige Gesten und Bewegungen, Gangart und Körperhaltung Ihres Gegenübers, um das vorherrschende Element festzustellen. Dann können Sie darauf achten, ob er dieses Element noch weiter betont und so das Ungleichgewicht noch verstärkt oder ob er bereits bemüht ist, die vorherrschende Kraft mit Hilfe der Gegenkraft auszubalancieren.

Sie selbst profitieren aus diesen Beobachtungen in verschiedenster Hinsicht:

- Sie werden mit den Elemente-Eigenschaften und ihrer Zuordnung zu bestimmten Charakteren innerhalb kurzer Zeit immer vertrauter.
- Sie stellen an sich selbst die typischen Verhaltensmuster deutlicher fest und wissen immer besser, wann und wie Sie sie unterstützen bzw. eindämmen können.
- Sie werden automatisch ausgeglichener, bewußter und intensiver leben.
- Sie schätzen Personen in Ihrer Umgebung in bezug auf Charakter und Verhaltensweisen immer schneller und genauer ein.
- Deshalb finden Sie zielsicher den richtigen Weg und die richtige Ebene, mit ihnen umzugehen.
- In der Konsequenz merken Sie, daß Sie selbst hinsichtlich der inneren Ausgeglichenheit und des äußeren Auftretens zu immer größerer Ausstrahlung und Harmonie finden.

Wenn Sie nun mit Hilfe der Menschenkenntnisregeln Ihre Umgebung genau betrachten, so dürfen Sie Ihre Beobachtungen analog auf sich selbst zurückprojizieren:

Gleiches zieht immer wieder Gleiches an (und Gegensätzliches).

Oder: «Wie innen, so außen.»

Ihre Umwelt ist eine Projektion Ihres Innenlebens. Mit Ihrem äußeren Auftreten ziehen Sie automatisch Menschen an, die auf der gleichen Ebene liegen wie Sie.

Also können wir sagen:

Die Menschenkenntnis führt als analoge Spiegelung unmittelbar zurück zur Selbsterkenntnis.

KAPITEL 12

Analogie – Die Brücke

«Ganz besonders liebe ich die Analogien als meine zuverlässigsten Lehrmeister, die um alle Geheimnisse der Natur wissen.»

JOHANNES KEPLER

1. Die Brücke

Wir möchten an dieser Stelle das Thema «Analogie-Denken» noch einmal aufgreifen und vertiefen: Eine wichtige Voraussetzung für analogbildhafte Übertragungen ist das kreative Bilderdenken, und das haben Sie, verehrter Leser, inzwischen in Kapitel 10 («Lerntechniken») reichlich geübt.

Lesen Sie bitte zur Erinnerung auch noch einmal die kurze Darstellung in Kapitel 5.3 und Ihre Notizen zur dort gestellten Aufgabe.

Aufgabe

Finden Sie nach folgendem Muster eigene Analogien:

Wie unten – so oben,
wie innen – so außen,
wie beim Vogel – so beim Flugzeug,
wie im Völkerschicksal – so im Einzelschicksal,
wie die Realität – so die Vorstellungs- und Gedankenmuster

usw.

1.
2.
3. ... (mindestens 10 Analogien!)

Dadurch, daß Sie bei den von Ihnen gefundenen Begriffspaaren eine Analogie-Beziehung sehen, schlagen Sie praktisch eine Brücke von einem Begriff zum anderen.

> «Analogie setzt Dinge und Qualitäten auf ***verschiedenen Ebenen*** in Beziehung. Analoge Dinge sind zwar meistens ganz *unähnlich*, können aber manchmal über ihre Untergruppen auf *ähnliche* Teile, Funktionen, Eigenschaften zurückgeführt werden. Analogien verbinden gleichsam zwei Ufer durch eine ***Brücke***. Analogien wirken wie ein ***Kanal*** zwischen sonst getrennten Bereichen. Wenn ... A analog B, ist das eine ähnliche Beziehung, als wenn etwas aus der Sprache A in die Sprache B übersetzt oder von der physikalischen Ebene A* in die Ebene B* ***transformiert*** wird.»
>
> *(Def. «Analogik» von H. de Witt: Analogik Bd. 1, S. 327)*

Nach H. de Witt, der ein dreibändiges Werk über Analogik verfaßt hat, ist es «Eigenart der Analogien, daß sie ***Entferntes verbinden*** und ungeahnte Zusammenhänge aufdecken». (S. 34)

Das geht sogar so weit, daß *Gegensätze* miteinander in Beziehung gesetzt werden, die sich jeweils ergänzen und in der Analogie-Verbindung ihr Gleichgewicht finden. Ein Beispiel:

> «Die beiden Geschlechter lassen sich am besten durch Gegensatzpaare beschreiben, deren zusammengehörige Seiten auf derselben Ebene liegen.» *(H. de Witt, S. 128)*

So stellt de Witt einander gegenüber:

weiblich konkrete und männlich abstrakte Intelligenz,
weiblich sittliche und männlich dogmatische Form,
weiblich seelische und männlich geistige Gemeinschaft,
weiblich familiäre und männlich staatliche Bindung,
weiblich persönlich und männlich sachlich orientiert,
weiblich Gemüts- und männlich Erkenntnis- oder Weisheitsorientierung *(S. 78)*

Eine Analogie schlägt also eine Brücke von einem Begriff zu einem zweiten, der auf irgendeiner Ebene, und sei es als Gegensatz, zu ihm in Beziehung steht. Diese Brücke ist ein Spiegeleffekt:

Das Irdische ist eine Widerspiegelung des unsichtbaren Geistigen, das Menschliche ist eine Widerspiegelung des Göttlichen,
das Grobe ist eine Widerspiegelung des Feinen usw.

Das bedeutet auch:
Unsere Umgebung ist eine Widerspiegelung unseres Innenlebens;
So, wie wir selber sind, sind auch unsere Werke.
(Ähnlich drückt es auch der Volksmund aus: Wie der Herr, so's G'scherr.)

Das heißt, unsere Handlungen, die sich in unserer Umwelt manifestieren, haben die gleichen Komponenten, dasselbe Elemente-(Un-)Gleichgewicht wie wir selbst.

Wenn Sie also Ihre Werke kritisch betrachten, können Sie wiederum Rückschlüsse auf Ihr Innenleben und Ihre geistige Verfassung ziehen. Sie haben im Laufe des Buches nun drei Möglichkeiten kennengelernt, Ihre Selbsterkenntnis zu vertiefen:

Die erste haben wir in Kapitel 8.5 angeboten:

«Was will ich?»
Als zweites haben Sie die Checklisten (Kapitel 11.2) bearbeitet:
«Wer oder wie bin ich?»
Und hier nun stellen Sie sich die Frage:
«Was tue ich?»

Aufgabe

Denken Sie darüber nach, ob und wie sich Ihr Innenleben in Ihren Handlungen wiederfindet.

Welche Tätigkeiten können Sie ganz klar auf bestimmte innerliche Einstellungen, Eigenschaften oder Vorgänge zurückführen?

1.
2.
3. ... (mindestens 7 Beispiele!)

Wichtig ist dabei natürlich immer, daß die Begriffs- oder Gegensatzpaare zueinander im wechselnden Gleichgewicht stehen.

Und so, wie Sie eine analoge Verbindung zwischen Innenleben und Außenwelt herstellen können, spiegeln sich auch viele Naturgesetze analog in den Geisteswissenschaften wider.

Machen Sie sich die Naturgesetze bewußt und verfeinern Sie die Bewußtseinsebenen, so können Sie sich nach und nach sämtliche Geisteswissenschaften nutzbar machen, einfach indem Sie

die Gesetze der Natur auf die Geisteswissenschaften überblenden.

Bei H. de Witt finden wir ein Beispiel, bei dem er mechanische und elektrische Energie einander gegenüberstellt und sie mit analogen Übertragungen vergleicht:

> «Große Forscher sind frei von persönlichem Streben im skizzierten Sinne und in ihrer Aufgeschlossenheit dem Typ des Fachgelehrten überlegen, wie die elektrische Energie der mechanischen. Persönliches Streben bleibt auf den Umkreis der Person beschränkt; (entspricht analog) der beschränkten Übertragbarkeit mechanischer Energie. Dagegen greift der *Wissensdurst* ähnlich einem Bazillus um

sich und vermag die Forscher in aller Welt auf ein bestimmtes Ziel auszurichten; (entspricht analog) der leichten Fortleitung elektrischer Energie über weite Entfernungen.»

(Aus: Analogik Bd. 1, S. 265 f.)

Wir können also folgende Übersicht gestalten:

Mechanische Energie	*Elektrische Energie*
«beschränkt übertragbar»	«leichte Fortleitung»
persönliches Streben	Wissensdurst, Neugierde
Ichbezogener Ehrgeiz	Greift um sich
Bleibt beschränkt auf die Person	Zielt auf unbekannte Zusammenhänge
Fachgelehrter	großer Forscher

De Witt geht noch weiter und setzt

analog zu	elektrische Energie	-	Neugierde und Wissensdurst
	Elektronik	-	Ausbau und Verfeinerung von Kenntnissen *(ebenda)*

Dieser letzte Schritt - Ausbau und Verfeinerung von Grundkenntnissen - entspricht für uns analog dem wesentlichen *Schritt zur Genialität*!

Lassen Sie uns das Beispiel mechanisch/elektrisch noch weiter ergänzen:

Der Fachgelehrte arbeitet vorwiegend mit Verbalisierung (mechanisch), der Forscher dagegen mit Visualisierung (elektrisch). Der Fachgelehrte hat es mit abgegrenzten (Schubladen-)Wissensgebieten zu tun, der Forscher dringt ins noch unbekannte, unbegrenzte Neue vor.

Aufgabe

Finden Sie selbst noch weitere Analogien zu obigem Begriffspaar:

1.

2.

3. ... (mindestens 5 Analogien!)

«Analogik ist die Kunst und Wissenschaft, Analogie-Beziehungen zwischen ähnlichen und unähnlichen Qualitäten, Gebilden, Strukturen herzustellen»; Analogik ist die Kunst, eine Brücke zu schlagen.

2. *Das «Senkrechte Denken»*

Wo unser logisches Denken und der Verstand nicht weiterwissen, können wir mit Analogien arbeiten und durch Übertragung von intuitiven Eingebungen, Bildern und Ideen auf eine oder sogar mehrere Lösungsmöglichkeiten stoßen. Die Analogie schlägt die Brücke von unserem unmittelbaren Erfahrungsbereich zum Unvorstellbaren:

> «Ähnlich wie ein Virus als eigenständiger Organismus für unser Vorstellungsvermögen zu klein ist, ist die Entfernung von 10 Millionen Lichtjahren für unsere Vorstellung zu groß. Wir sind in unserer Erkenntnis immer auf eine «mittlere», uns als Mensch angemessene Größenordnung angewiesen. Alles was darunter und darüber liegt, ist uns entweder nur noch durch Hilfsmittel oder meist überhaupt nicht mehr zugänglich.
> Hier hilft der geniale Schlüssel «wie oben, so unten» weiter. Denn dieser Satz erlaubt es, unsere Betrachtungen und Erforschungen der Gesetze auf den uns zugänglichen Bereich zu beschränken, um dann die gemachten Erfahrungen auf die anderen, uns unzugänglichen Ebenen analog zu übertragen. Dieses Analogiedenken gestattet es dem Menschen, das gesamte Universum ohne Grenzen begreifen zu lernen. Das Denken in Analogien ist nicht kausal und wirkt deshalb in unserer Zeit ungewohnt.»
>
> *(Aus: Th. Dethlefsen: Schicksal als Chance, S. 31 f.)*

Bei Analogiebildung spielen also nicht die Logik und Vernunft die große Rolle, sondern eher Inspiration und Intuition. Analogie und Intuition ergänzen und bedingen sich gegenseitig:

Die Intuition weckt Bilder von ähnlichen, vergleichbaren oder gegensätzlichen Situationen; sie ruft Erinnerungen wach, setzt Gedankenketten in Gang usw., und oft hilft die Intuition, das Prinzip zu definieren, nach dem die Analogie-Brücke benannt werden kann.

Ein Beispiel

Ich denke nach über «abc» (= Problem). Da fällt mir spontan (= intuitiv) «xyz» (= Analogie) ein. Was haben die beiden nun gemeinsam? Ach richtig (= weitere Intuition):

Sie gehören zum Alphabet und stehen jeweils an einem Ende (= Prinzip, Brücke).

Analogie-Denken, vor allem auch das Denken in Analogie-Ketten, hat einen hohen Stellenwert bei der Suche nach Ähnlichkeitsmustern, z.B. wenn wir versuchen, unsere Verhaltensmuster zu definieren, die sich ja in der Welt um uns herum spiegeln. Im Gegensatz zum logisch-vernünftigen Kausaldenken sprechen wir hier mit einem Begriff von Th. Dethlefsen vom «Senkrechten Denken».

Solche «senkrechten» Analogie-Ketten finden wir z.B. in Zahlenreihen wie 2, 4, 6, 8, 10 usw. oder in einer «verschachtelten» Begriffsreihe, wie sie H. de Witt anführt:

«Zelle
Organ
Verband
Individuum»

(bezogen auf den menschlichen Körper) oder in der Weiterführung

«Mensch
Familie
Stamm
Nation
Menschheit» *(aus: Analogik Bd. 1, S. 59)*

Und der Franzose Papus ergänzt die Kette noch weiter:

«... Zelle, Menschheit, Gestirn, Welt und Universum sind nur ***Oktaven*** von immer derselben Einheit.« *(ebenda)*

Aufgabe

A

Finden Sie selbst eine Analogie-Kette zu einem der folgenden Begriffe:

Bruder
Nahrung
Stein
gewählter Begriff: ________________________________

Analogien:
1.
2.
3. ... (mindestens 7 Analogien!)

B
Auf welcher Ebene sind die Begriffe analog vergleichbar?
Welches ist die «Brücke»?

Nun ist es so, daß in einer Ähnlichkeitskette, die sich über mehr als eine Dimension erstreckt, die Ähnlichkeit des letzten Gliedes zum ersten im Vergleich zur Ähnlichkeit zwischen benachbarten Kettengliedern deutlich nachgelassen hat:

> «Obwohl zwischen allen benachbarten Gliedern eine vollständige Ähnlichkeit herrscht, sind die äussersten Glieder ... nur noch schwach ähnlich...» *(de Witt, S. 46)*

Genau darin liegt aber die Chance, aus dieser entfernten Ähnlichkeit des letzten Kettengliedes mit Hilfe der Intuition eine Idee oder Lösungsmöglichkeit abzuleiten, die auf das Anfangsglied zurückübertragen wird und sich als genau passende Lösung präsentiert.

3. Praktisches Beispiel: Die Synektik

Der gezielte Einsatz von Analogie-Denken wird in der Wirtschaft in sog. Synektik-Sitzungen praktiziert, an denen mehrere Personen (meist 4-7) teilnehmen. Eine interessante Beschreibung dieser Methode, die auf W. J. J. Gordon zurückgeht, finden wir bei Ulf-Peter Oberlin in seinem Buch «Erfolgsgarantie Kreativität»:

Bei einer Synektik-Sitzung geht es um zwei elementare Arbeitsvorgänge: Zunächst wird das bestehende Problem durch Analogie-Bildung verfremdet, wobei es noch gar nicht um Lösungen geht, sondern nur um die Analogien. Später werden diese wieder mit dem Problem in Verbindung gebracht, um dann neue Lösungswege zu finden.

Im einzelnen sieht das so aus:

1. Schritt:

Die Teilnehmer einer Synektik-Sitzung werden mit dem Problem oder der Fragestellung vertraut gemacht. Sie erörtern erste spontane Lösungsvorschläge, wodurch ihr Verständnis für das Problem vertieft wird. Auf dieser Basis wird die Frage von den Teilnehmern neu formuliert.

2. Schritt:

Der «Verfremdungs-Prozeß» per Analogie beginnt: Es werden möglichst viele Vergleiche zu anderen ähnlichen oder gegensätzlichen Bereichen hergestellt. Hier ist es von Vorteil, wenn sich der Teilnehmerkreis aus Fachleuten verschiedenster Disziplinen zusammensetzt; es können auch Laien, Künstler und reine Theoretiker dabeisein, die aus ihrer Sicht mit kreativen Ansätzen zur Lösungsfindung beitragen.

Je nach Art des gestellten Problems und Zusammensetzung des Teilnehmerkreises werden unterschiedliche Analogierichtungen eingeschlagen:

a) Die direkte Analogie:

«Ein Vergleich ähnlicher Formen, Funktionen und Vorgänge aus unterschiedlichen Wissensgebieten» *(Ulf-Peter Oberlin, S. 140)*

Der direkte Analogie-Schluß, in der Wissenschaft auch als «Bionik» bezeichnet, versucht, Probleme zu lösen, indem er sich an naturwissenschaftlichen Vorgängen und Gegebenheiten orientiert, z.B.

«Das Rohr mit seinem günstigen Verhältnis von Biegefestigkeit zum Gewicht und Materialeinsatz verwendet die Natur seit Urzeiten im Getreidehalm, Zucker- und Bambusrohr.» *(ebenda)*

b) Die persönliche Analogie:

Hier identifiziert sich der Teilnehmer mit einem (Teil-)Aspekt des Problems: «Wie würde ich mich fühlen, wenn ich Fensterscheibe wäre?»

Aus dieser «ver-rückten» Perspektive können neue, originelle Betrachtungsweisen hervorgehen.

c) Die symbolische Analogie:

Sie verlangt ein hohes Maß an Abstraktion und Vorstellungsvermögen, was besonders den logisch-praktisch orientierten Menschen oft schwerfällt, da sie die völlige Loslösung von den konkreten Gegebenheiten des Problems nur mit Mühe zustande bringen.

d) Die phantastische Analogie:

Sie geht noch einen Schritt weiter; es ist «alles möglich, was vorstellbar ist» *(ebenda).*

Naturgesetze und logisches Weltbild sind außer Kraft gesetzt. Der Teilnehmer ist der Zauberer, der alles möglich macht.

Hier finden Sie natürlich ein optimales Betätigungsfeld für Ihre Visualisierungskraft!

Nun wird noch geprüft, ob die gefundenen Analogien in bezug auf das Problem akzeptabel sind.

3. Schritt:

In diesem Schritt, auch genannt «Force-fitting» (= Einsatz der Analogie), werden die ausgewählten Analogien daraufhin untersucht, ob sie zum ursprünglichen Problem in Beziehung gebracht werden können.

4. Schritt:

Aus den Analogien werden Lösungsvorschläge entwickelt und gesammelt und später in einem weiteren Schritt auf ihre Realisierbarkeit geprüft.

Die bekanntere Methode des «Brainstorming» würde im Grunde erst hier bei Schritt 4 einsetzen und die «gefundenen» Lösungsvorschläge notieren. Jedoch wären diese Vorschläge nicht durch Analogie und Verfremdung entwickelt worden, sie wären den Teilnehmern als «fertige» Ideen spontan eingefallen. Dagegen sind es gerade die durch Analogiebildung entstandenen neuen und «ver-rückten» Betrachtungsweisen, die bei der Synektik-Methode so kreative und brauchbare Lösungen hervorbringen.

Beispiele für Themen, die in einer solchen Sitzung bearbeitet werden können, sind u.a.:
- «Entwickeln Sie ein Haushaltsgerät, das es noch nicht gibt.»
- «Wie können Abfallprodukte gewinnbringend vermarktet werden?»
- «Wie kann die Lebensdauer eines Produktes verlängert werden?»
- «Wie können Stauungen in den Stoßzeiten durch ein neues Verkehrssystem verhindert werden?» usw.

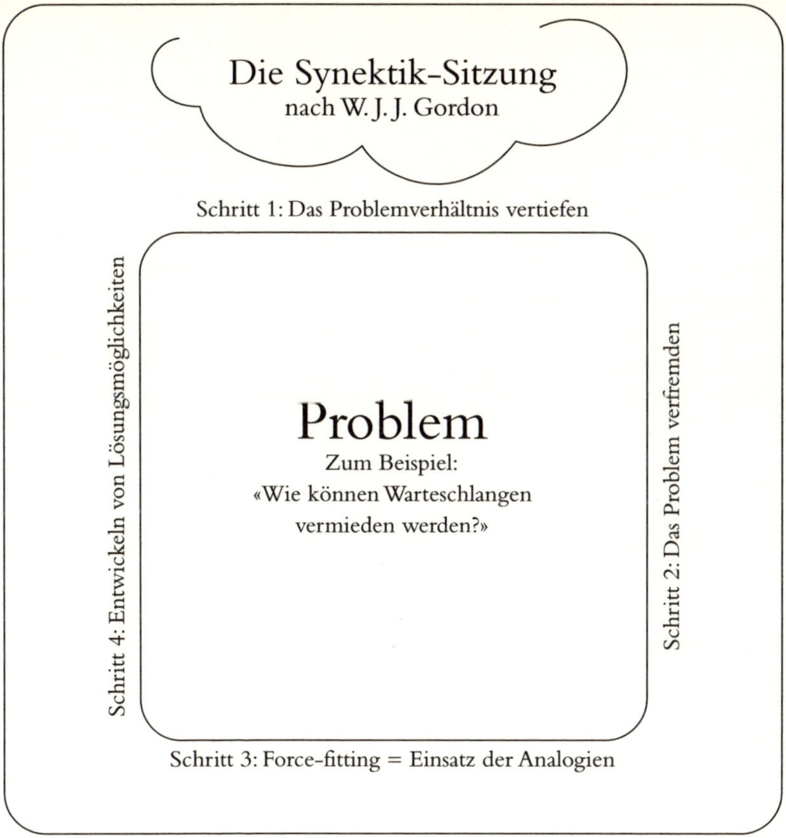

Aufgabe

A

Finden Sie selbst weitere interessante Themen:

1.
2.
3. ... (mindestens 6 Themen!)

B

Welche Fachleute, z.B. Biologe, Physiker, Professor, Arzt, aber auch Laien wie Arbeiter, Hausfrau, Büroangestellter usw., würden Sie zu den entsprechenden Synektik-Sitzungen einladen?

Thema 1:	____________________	Fachleute	1.
			2.
			3.
			4.
Thema 2:	____________________	... (je 4 Fachleute!)	

Die Synektik bietet eine hervorragende Möglichkeit, die Phantasie der Teilnehmer in kreativ-realistische Bahnen zu lenken. Die Visualisierung führt zunächst in «geistige Höhen», aus denen sich neue Perspektiven erkennen lassen; die Flexibilität des Denkens führt dann wieder zurück zur Anbindung an die Realität und zur Verwertbarkeit der Idee.

Erfahrungswerte zeigen, daß von 10 auf diese Art gewonnenen phantastischen Ideen letztendlich etwa 1 oder 2 zur praktischen Umsetzung gelangen.

4. Ein modernes Genie: Hermann de Witt

Nicht nur im Berufsleben, auch im normalen Alltag werden Analogien ganz selbstverständlich benutzt - meist sogar, ohne daß Sie sich dessen bewußt sind.

Denken Sie nur einmal an all die Analogien, die Ihnen im Zusammenhang mit dem Begriff «Luft» spontan einfallen, z.B.

Dampf ablassen
den Wind aus den Segeln nehmen
sein Fähnlein nach dem Wind richten
sich Luft machen
ein Angebot in den Wind schlagen
ein Luftschloß bauen
viel Wind um nichts
gut Wetter machen
von etwas Wind bekommen
ein Gewitter reinigt die Luft
gutes Betriebsklima usw.

Aufgabe

Finden Sie selbst noch weitere Beispiele für Luft, Wind oder Sturm:

1.
2.
3. ... (mindestens 8 Beispiele!)

Wie Sie selbst sehen, leben Sie inmitten von Analogien, Vergleichen und Ähnlichkeiten - und erkennen es oft nicht einmal!

Jemand, der diese Vorgänge sehr wohl erkannt und sich intensiv damit befaßt hat, ist der bereits erwähnte und mehrmals zitierte Autor der «Analogik» (3 Bände): HERMANN DE WITT.

Er hat die Analogie wissenschaftlich erforscht bis ins Detail; die unzähligen Varianten wurden noch nie zuvor so genau beschrieben.

De Witt unterscheidet Ähnlichkeitsgrade und stellt Analogie-Gesetze auf, um die analogen Zusammenhänge zu «objektivieren» und somit nachprüfbar zu machen.

Seine «Analogik» gibt keine Anweisungen für Verknüpfungstechniken, sondern sie dringt mit großer Detailgenauigkeit in das Wesen der Dinge ein, um dort dann auf das gesuchte Verknüpfungsprinzip zu stoßen.

De Witt, geboren 1923, kann bei seiner Arbeit von einer soliden naturwissenschaftlichen Grundlage ausgehen: Er hat Physik studiert und anschließend über die Weiterentwicklung von Tragflächenbooten promoviert. Seit 1975 arbeitete er auf dem Sektor der Alternativenergien.

Das Vorgehen dieses Wissenschaftlers ist denn auch methodisch-gründlich und gut fundiert, daher ist er bis zu einem gewissen Grad unmittelbar nachvollziehbar. Seine Entschleierung der Naturgesetze und Darstellung der Übertragbarkeit auf menschliche Probleme ist eine bedeutende wissenschaftliche Leistung.

Dennoch könnte man wohl darüber streiten, ob er seiner eigenen Definition gemäß eher als «Fachgelehrter» oder als «großer Forscher» zu bezeichnen wäre. Denn was ihm streckenweise deutlich schwerfällt, ist der

Schritt, seine Erkenntnisse dem Leser auch wirklich zugänglich und nutzbar zu machen, indem er sie durch Beispiele und bildhaftes Denken vermittelt.

Wenn Sie sich im wahrsten Sinn des Wortes ein Bild von etwas machen können, so wirkt das schneller und intensiver auf Ihr Erkenntnisvermögen als 5 Sätze Texterläuterung.

So erklärt sich wohl auch, daß sein fundamentales und wegweisendes Werk in Fachkreisen kaum bekannt ist: Er selbst hat letztendlich zu wenig tragfähige Brücken zu seiner Außenwelt (sprich: zu seinem Adressatenkreis) gebaut. Wer nicht als kleinste Voraussetzung wenigstens Motivation und geschultes Vorstellungsvermögen mitbringt, dürfte Schwierigkeiten haben, die Brücke zu den großen Aussagen der «Analogik» zu finden geschweige denn selbst eine zu schlagen. Doch ein Leser, der mit Interesse, Ausdauer, viel Phantasie und Visualisierungskraft ans Werk geht, kann in den drei Bänden die tollsten geistigen Schätze entdecken und für sich heben.

So läßt sich H. de Witt sicherlich unter die neuzeitlichen Genies einreihen. Nur ist er eben ein noch unentdecktes, unbekanntes Genie, weil er sich vielen Menschen nicht auf Anhieb erschließt.

Über «Genialität» äußert er sich selbst wie folgt:

> «Wir wollen noch einen besonderen Geisteszustand streifen, den man mit ***«Genialität»*** bezeichnet. Unter einem Genie versteht man gewöhnlich eine Persönlichkeit mit übermäßigem Wissen und Können, das sich durch äußere Leistungen auf vielen Gebieten offenbart. Da die geniale Leistung stets in einem hohen Grade ***schöpferisch*** ist, benötigt das Genie eine ausgeprägte Intuition, ... Einer vielseitig begabten und labilen Persönlichkeit droht stets der seelische Umsturz, der volkstümlich mit ‹Wahnsinn› bezeichnet wird. Wahnsinn ist also die Kehrseite von Genie im angedeuteten Sinne: Genie (analog zu) Wahnsinn.»
>
> *(Aus: H. de Witt: Analogik Bd. 1, S. 167)*

Diese Behauptung «Wahnsinn ist also die Kehrseite von Genie» stützt sich auf ein massives Ungleichgewicht in den Charaktereigenschaften eben einer «labilen Persönlichkeit». Die geistige Gesundheit existiert nämlich mit Leichtigkeit dort, wo Wille und Gefühl, Phantasie und Realität (also entsprechend die 4 Elemente Feuer und Wasser, Luft und Erde) immer wieder miteinander ausbalanciert werden. Wer die Harmonieprinzipien der Natur analog auch bei sich selbst fördert, und zwar auf der gedanklichen, auf der seelischen und auf der körperlichen Ebene, der läuft nicht so leicht Gefahr, das innere Gleichgewicht zu verlieren. Und wenn Sie es bereits im Ansatz erkennen, läßt sich ein beginnendes Ungleichgewicht am leichtesten korrigieren.

Deshalb weisen wir an dieser Stelle nochmals darauf hin:

Selbsterkenntnis (und Menschenkenntnis) ist eine der wichtigsten Voraussetzungen für das innere Gleichgewicht!

Vor diesem Hintergrund ist es eine lohnenswerte Aufgabe, auf den Spuren großer Genies zu wandeln und ihre Erkenntnisse zumindest ansatzweise nachzuvollziehen:

«Ihr Blick durchdringt wie Röntgenstrahlen die Oberfläche der Dinge und schaut das ***Wesentliche***.»

(de Witt, Bd. 1, S. 350)

5. Merksätze

Gegen Ende dieses Abschnitts über Analogie-Denken möchten wir Sie mit einer Reihe von z.T. auch provokativen Lehr- oder Merksätzen konfrontieren. Sie sollen Sie zunächst einmal zum Nachdenken anregen:

- Die Analogie ist das letzte Wort der Wissenschaft und das erste des Glaubens.

- Die Analogie ist der einzig mögliche Vermittler zwischen Sichtbarem und Unsichtbarem, Endlichem und Unendlichem.

- Die Analogie ist der Schlüssel aller Geheimnisse in der Natur und der einzige Beweggrund aller Offenbarungen.

- Das Gleichgewicht ist die aus der Analogie der Gegensätze resultierende Harmonie.

- Vernunft und Glaube schließen sich gegenseitig durch ihre Natur aus und vereinigen sich durch Analogie.

- Die meisten Merksätze entstammen dem Hauptwerk von Abbé Alphonse Louis Constant, der unter dem Pseudonym Eliphas Levi die «Transzendentale Magie» geschrieben hat.

- Die Analogie des Entgegengesetzten ist die Analogie des Lichtes zum Schatten, des Ausgefüllten zum Hohlen, der Fülle zur Leere.

- Die Analogie ... ist die Quintessenz des Steins der Weisen, das Geheimnis des Perpetuum mobile, die Quadratur des Kreises, der Tempel (erg. des Salomo), der auf den beiden Säulen Jakin und Bohas ruht, der Schlüssel des großen Arkanums, die Wurzel des Lebensbaumes, die Erkenntnis von Gut und Böse.

Aufgabe

Lesen Sie diese Sätze einzeln und in Ruhe durch.

A

Suchen Sie sich Ihre beiden persönlichen Lieblingssätze aus und begründen Sie Ihre Auswahl:

1. ______________________________ Begründung:

2. ______________________________ Begründung:

B

Suchen Sie für diese Sätze jeweils 5 konkrete Beispiele aus dem Naturgeschehen oder den Geisteswissenschaften:

1. Satz:	2. Satz:
1.	1.
2.	2.
3. ... (bis 5 Beispiele)	3. ...

C

Ergänzen Sie die obige Aufzählung um 2 eigene Merksätze über Analogie: Welche Aussage ist für Sie persönlich elementar und anwendbar?

1.

2.

Zum Abschluß dieses Kapitels wollen wir Ihnen eine unserer Lieblings-Analogien nicht vorenthalten:

Wir betrachten das Leben als einen großen Berg, in den von allen Seiten her Löcher gegraben werden. Die unterschiedlichsten Wissenschaftler, Forscher, Phantasten, Idealisten und Neugierige aller Art versuchen, in das innerste Geheimnis des Berges vorzudringen:

Jeder für sich, jeder auf seine Weise, jeder in alleiniger, mühevoller Kleinarbeit. Ab und an hört man ein Geräusch aus dem Nachbarstollen, in seltenen Fällen tun sich auch zwei benachbarte Arbeiter zusammen und merken, daß sie durch gegenseitigen Austausch und Ergänzung schneller vorankommen.

Eines Tages werden sich alle in der Mitte des Berges treffen und feststellen, daß jeder von ihnen einen Teil der Wahrheit ausfindig gemacht hat und daß sie alle zusammen das gesuchte ***Gleichgewicht*** sind.

KAPITEL 13

Effektivität

*«Die Kunst der Weisheit
besteht darin zu wissen,
was man übersehen muß.»*

William James

1. Das Pareto-Prinzip

«Bei vielen Menschen gestaltet sich Wissen nur langsam in Handlung um, Handlung dann nicht immer in Ergebnisse, Ergebnisse nicht immer in neue Motivation.»

Diesen Satz, verehrte Leserin, verehrter Leser, haben wir in Kapitel 9.2 geschrieben, und hier möchten wir nun anknüpfen, um noch ein paar Gedanken zur Effektivität zu erläutern.

Wenn Sie etwas Neues anfangen, dann müssen Sie damit rechnen, daß Sie anfangs mehr Zeit und Geduld investieren müssen, bevor Sie erste Ergebnisse sehen. Mit zunehmender Erfahrung werden Sie dann schnellere und direktere Wege ausfindig machen, um Ihre Ziele zu erreichen. Das gilt für eine berufliche (Neu-)Orientierung genauso wie für eine neue Beziehung, für eine neue Aufgabe genauso wie für ein neues Hobby, das gilt aber z.B. auch für das Genie-Training.

Wenn Sie sich in einen neuen Bereich einarbeiten wollen, können Sie anfangs mit

80% Aufwand 20% Ertrag

erzielen. Sie lernen durch Beobachtung dazu, üben und verbessern sich und erreichen dann mit

60% Aufwand 40% Ertrag.

Weitere Verbesserungen führen zu

50% Aufwand 50% Ertrag,

und hier wird das ganze Projekt erst interessant. Was Sie bisher gemacht haben, war eine reine Investition von Zeit, Geduld, Arbeit und Energie, wobei Sie ja noch gar nicht absehen konnten, ob sich das alles lohnen würde.

Jetzt dagegen haben Sie einen Blick dafür, worauf es ankommt: Sie lernen, fragen, verändern - und erreichen schon bald mit

40% Aufwand 60% Ertrag.

Nun können Sie zufrieden sein: Sie haben einen guten Stand erreicht!

Wenn Sie jetzt noch aufgrund Ihrer bisherigen Erfolge ein paar zündende Ideen haben, etwa einen Prozeß zu rationalisieren oder eine originelle Neuerung einzuführen, dann können Sie eines Tages sogar mit

20% Aufwand   80% Ertrag

erzielen - das ist Genialität!

Aufgabe

Suchen Sie sich einen Bereich aus Ihrem Alltagsleben aus, sei es privat, sei es beruflich, in dem Sie gerne mit weniger Aufwand mehr Ertrag erarbeiten würden. Das kann die monatliche Kontrolle der Firmenbücher sein, der wöchentliche Großeinkauf im Supermarkt, die Organisation des nächsten Betriebsfestes o.ä.

Wo möchten Sie noch effektiver werden?

Bereich: ____

A

Überlegen Sie sich, was Sie tun können, um Ihre Effektivität zu steigern. Können Sie

Rationalisieren?
Delegieren?
Einfach bei anderen abschauen?
Sich bei anderen orientieren und Rat holen?
Bestimmte (Teil-)Vorgänge durch andere ersetzen oder streichen?

Was können Sie tun?

1.
2.
3. ... (mindestens 5 Ideen!)

Setzen Sie Ihr Wissen im Alltag ein!

B

Setzen Sie um, was Sie eben über Analogie-Denken gelernt haben. Was für Ideen zur Verbesserung Ihres Problembereiches treten da auf?

1.
2.
3. ... (mindestens 5 Ideen!)

C

Notieren Sie all Ihre Ideen auf einer Liste und arbeiten Sie eine Woche lang zweimal täglich mit Ihrer ganzen Visualisierungskraft (vgl. Kapitel 5.1 und 5.2!) auf die Umsetzung der besten Ideen hin!

D

Führen Sie während der ganzen Zeit genau Buch über die verschiedenen Stufen Ihres Erfolges und versuchen Sie, das Verhältnis Aufwand/Ertrag jeweils neu abzuschätzen.

Sie werden sich (und uns) jetzt fragen, ob es Tätigkeiten, Entwicklungen oder Bereiche gibt, wo mit noch weniger Aufwand noch mehr Ertrag erreicht wird, z.B. 5%/95% oder gar 1%/99%.

Als Beispiel dafür, daß es durchaus möglich ist, verweisen wir auf Johannes Gutenberg, den Erfinder der Druckerpresse:

Durch Rationalisierung, Einsatz von Erfahrung, Phantasie, Motivation und Energie gelang es ihm, das damals mühselige Schreiben von Hand durch Buchstabensetzen abzulösen, eine Verbesserung im Verhältnis von

1% Aufwand zu 10 000 % Ertrag

oder sogar noch mehr.

Geniale Erfindungen in dieser Größenordnung werden Sie wahrscheinlich nicht von heute auf morgen zustande bringen; doch der italienische Volkswirtschaftler Vilfredo Pareto hat ausgerechnet, daß bei den allermeisten Tätigkeiten mit etwas Erfolg, Erfolgsauswertung und kreativem Einsatz neuer Ideen das Verhältnis von

20% Aufwand 80% Ertrag

ohne größere Probleme erreicht werden kann. Nach ihm wird die These das «Pareto-Prinzip» genannt.

Streben Sie dieses Ziel auch für sich an!

Eine wichtige Voraussetzung für die Umsetzung des Pareto-Prinzips ist natürlich effizientes Arbeiten. Sie müssen einen Arbeitsvorgang

1. beginnen,
2. durchführen,
3. beenden,

- sonst bekommen Sie ihn nicht vom Tisch!

Darauf haben wir Sie ja schon in Kapitel 4.4 («..persönliche Schwerpunkte») hingewiesen, und sicherlich haben Sie inzwischen auch nur noch die Arbeitsvorgänge übernommen, die Sie auch wirklich betreffen.

Wir möchten an dieser Stelle auf Kapitel 7.5 («Ballast abwerfen») zurückverweisen: Betrachten Sie die zweite Aufgabe dieses Abschnitts noch einmal unter dem Aspekt der «Effektivität Aufwand/Ertrag»:

Die dort aufgeführten Richtlinien sind genau die Punkte, die Ihnen helfen, mit weniger Aufwand mehr und bessere Ergebnisse zu erzielen.

Lenken Sie Ihre Aufmerksamkeit auch gar nicht so sehr auf die Neugewinnung von Ideen; die Umsetzung ist für den Anfang wichtiger.

Sie erinnern sich: «Angewandtes Wissen macht klug!» (Kapitel 6.4), und die dort eingefügte kleine Skizze paßt hier noch einmal sehr gut in den Kontext:

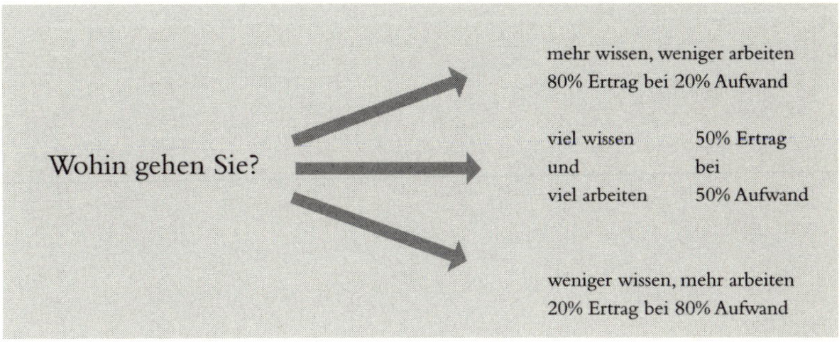

Wenn Sie Ihr Augenmerk aber gerade im Anfangsstadium zu stark auf die Neugewinnung von Ideen richten, haben Sie zuwenig Zeit für deren Umsetzung (Schaubild unten: 1*), d.h. ein Teil Ihrer kreativen Energie verpufft ungenutzt.

Im Idealfall liegt das Verhältnis 50%/50% (2*): Sie haben gerade soviel neue Ideen, wie Sie auch umsetzen können.

Umsetzen bedeutet allerdings wieder:

1. beginnen,
2. durchführen,
3. beenden,

wie oben beschrieben.

Anfangs sollten Sie die waagrechte Achse deutlich intensiver betreiben (3*), um sich die Konsequenz in den Arbeitsabläufen zu verinnerlichen; durch die inspirierende Lektüre dieses Buches

und durch Ihren Fleiß beim Lösen der Aufgaben kommen die guten neuen Ideen wie von selbst - oder etwa nicht?

Und dann stellt sich das gewünschte Gleichgewicht zwischen Ideenfindung und Ideenumsetzung (2*) wie von selbst ein.

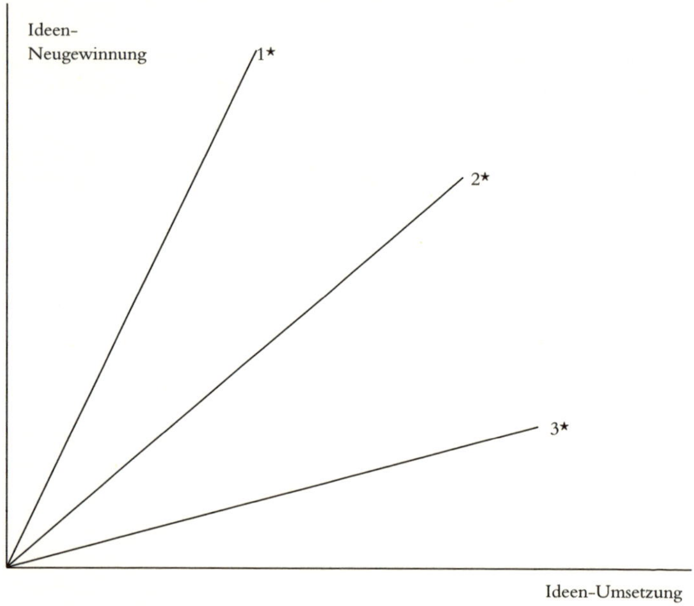

Aufgabe

Welche drei Genie-Eigenschaften sind Ihrer Meinung nach die wichtigsten Voraussetzungen dafür, das Verhältnis 20% Aufwand / 80% Ertrag im Alltag zu erreichen?

1.
2.
3.

Setzen Sie diese Eigenschaften bewußt und verstärkt ein, und Sie werden in Kürze schon die ersten Erfolge feststellen.

2. Das große Netz

Können Sie Ihr Privatleben strikt von Ihrem Berufsleben trennen?

Kann ein Physiker seine Forschungen betreiben, ohne irgendwann an die Grenzen der Nachbargebiete Chemie oder Mathematik zu stoßen?

Sicherlich nicht, werden Sie antworten, das sind doch ganz offensichtliche Verbindungen.

Es gibt aber noch viel mehr solcher Verbindungen, die uns gar nicht immer auf Anhieb bewußt sind. Unsere ganze «geistige» Umwelt besteht im Grunde aus einem riesigen Netz an Wissen und Informationen. Und egal, wo Sie sich auch umschauen, im privaten wie im wirtschaftlichen Bereich, in Wissenschaft, Forschung oder Politik: Das Problem liegt überall in der Schwierigkeit, zur rechten Zeit auf die rechten Daten und die rechten Vernetzungen und Zusammenhänge Zugriff zu haben.

So finden wir bei Robert Jungk in seinem Buch «Die Zukunft hat schon begonnen» das bereits erwähnte Bild von den «Wissenschaftlern im Berg» unter dem Aspekt der Wissens-Vernetzung:

> «Je tiefer die forschenden ‹Gehirne› graben, desto häufiger treffen sie nämlich nun auf Gänge und Schächte anderer ‹Fakultäten›. Der Physiker bricht durch eine Mauer und sieht sich plötzlich im ‹Bau› der Biologie; der Biologe vernimmt neben sich das Scharren der Mathematiker, die Signale der Soziologen und Philosophen. Es gäbe unzählige Querverbindungen zu ziehen, es wäre möglich, diese Entwicklung der ‹Konvergenz›, des heute erst zufälligen Aufeinanderzukommens der Erkenntniswege, bewußt zu fördern und damit ein Zeitalter größter geistiger Fruchtbarkeit einzuleiten. Aber das könnte nur geschehen, wenn es gelänge, die Unmenge der neuen Einsichten zu übersehen und derart in ihren tieferen Bezügen zu erkennen.» *(S.304)*

Hier könnte der heutige Stand der elektronischen Datenverarbeitung vielleicht die gesuchte Ordnung der «Informations-Lawine» herstellen; allein die Frage nach dem jeweiligen Sinn und der Richtung einer Entscheidung oder Handlung wäre damit nicht beantwortet.

D.h., die sinnvolle und sinngerichtete Vernetzung der nötigen Daten muß bereits im menschlichen Gehirn stattfinden. Die Möglichkeiten dazu sind gegeben:

Im Gehirn befinden sich neben den unzähligen Eindrücken und Erinnerungen, den sog. Gedächtnismolekülen, auch zahllose Querverbindungen, vergleichbar etwa mit Telefonleitungen, die dafür sorgen, daß jede Stelle mit jeder beliebigen anderen Stelle in Kontakt treten kann. Das ist die Abrufung bzw. Erinnerung.

Je klarer nun die einzelnen Stellen herausgearbeitet, d.h. gespeichert wurden, um so leichter sind sie abrufbar und mit einer anderen Stelle verknüpfbar:

Je mehr klare Eindrücke gespeichert sind, um so größer ist die Möglichkeit der Wissensvernetzung und damit der effektiven Nutzung!

Und sowohl das klare Ausarbeiten und Abspeichern Ihrer wichtigen Eindrücke als auch das Verknüpfen und Abrufen («Erinnern») können Sie am leichtesten bewerkstelligen, wenn Sie mit Phantasie und Visualisierungskraft arbeiten.

Das haben Sie sicherlich selbst schon festgestellt, als Sie sich in Kapitel 10.4 mit Gedächtnisschulung befaßt haben.

Mit diesem Vorgehen gelangen Sie nicht nur von der einen abgespeicherten Information zu einer anderen, die gerade ganz gut dazupaßt; Sie werden automatisch auch größere Zusammenhänge immer müheloser erkennen.

Sobald Sie sich die Tatsache, daß ALLES mit ALLEM zusammenhängt, einmal klargemacht haben, werden übergreifende Erkenntnisse für Sie an der Tagesordnung sein, und Sie nutzen Ihr gespeichertes Wissen viel gezielter und ergiebiger aus.

Denn ganz egal, an was Sie denken, welche gespeicherten Fakten Sie aus Ihrem Gehirn in welcher Situation auch immer abrufen - eines haben die Daten auf jeden Fall gemeinsam:

Es gab einen Anlaß oder Grund dafür, daß *SIE* sie «abgespeichert» haben:

- Sie sind der gemeinsame Nenner für all Ihre Gedächtniselemente,
- Sie sind derjenige, der speichert und abruft,
- Sie stellen die Leitungen und Querverbindungen her.

Sie agieren und reagieren; Sie jonglieren mit Ihren Daten, aber auch mit Ihren Eigenschaften, Sie vernetzen Charakter, Denken, Handeln und Auswertung zu noch mehr neuen Daten, noch mehr Erfahrungen, noch mehr Überblick. So gelangen Sie aus der gespeicherten Datenfülle heraus durch gezielte Kombination der jeweils wichtigsten Informationen zu mehr Übersicht und Ganzheitsdenken, andererseits gewinnt auch die Einfachheit und Genauigkeit der Detailschau an Bedeutung.

Ein Blick in die Lebensläufe von großen Genies zeigt uns, daß ihre herausragendsten Fähigkeiten einander ergänzt haben und daß all ihre Gedanken und Taten eng miteinander in Beziehung standen.

Das Prinzip der Vernetzung können Sie, wie bereits erwähnt, mit Visualisierungstechniken am besten unterstützen:
Benutzen Sie Bilder, Gleichheiten und Gegensätze, Ähnlichkeiten und Kontraste, Analogien und Wunschvorstellungen - all das paßt in das «Programm» der Wissensvernetzung problemlos hinein.

Schon Aristoteles war der Ansicht, daß Denken automatisch immer von Bildern begleitet wird, auch wenn diese nicht unbedingt ins Bewußtsein aufsteigen. Wenn Sie nun Ihre Bilder klarer und exakter abspeichern, können Sie sie besser steuern, gezielter vernetzen, und so geht dann auch das Denken leichter!

Und mit einer gezielten Vernetzung Ihres vorhandenen Wissens gehen Sie automatisch wieder in die Richtung, mit weniger Aufwand mehr Ertrag zu erzielen ...

3. Schalten Sie um!

Dieses Vorgehen («Umschalten») haben Sie bereits an mehreren Stellen im Buch praktizieren können. Wir möchten hier noch einmal ganz pointiert darstellen, auf was es dabei besonders ankommt:

Sie müssen Ihre Bewußtseinsebenen jederzeit wechseln können, wenn es die Situation erfordert.

Das hört sich nach einer großen Anstrengung an; doch Sie wechseln die Bewußtseinsebenen öfters in Ihrem Alltag, ganz automatisch und ohne auch nur im geringsten darüber nachzudenken:

Sie reden mit Ihrer Nachbarin ganz anders als mit Ihrem Chef, Sie sprechen mit einem Kind anders als mit dem Briefträger, Sie verhalten sich im Supermarkt anders als am Telefon oder in der Oper. Sie stellen sich mit Ihrem Verhalten auf die Situation und Ihr Gegenüber ein und er sich meistens auch auf Sie.

Denken Sie einmal darüber nach, wie oft Sie die Ebenen wechseln, z.B. zwischen

Theorie und Praxis
Einfachheit und Komplexität
Struktur und Phantasie
Alltag und geistiger Erhebung
Beruf und Privatleben usw.

Aufgabe

Ergänzen Sie diese Ebenen um drei weitere Beispiel-Paare:

1.
2.
3.

Durch das Hin- und Herblenden stellen Sie ja, vor allem wenn Sie es immer bewußter tun, automatisch auch die Vernetzung zwischen den oft gegensätzlichen Bereichen her - und wenn Sie die Erfahrungen der beiden Ebenen dann noch reißverschlußartig miteinander verknüpfen (Sie erinnern sich: Kapitel 6.2 «Der Reißverschluß») und ins Gleichgewicht bringen, haben Sie die besten Voraussetzungen für eine effektive Erfahrungsauswertung.

Egal nun, ob Sie vorhandene Gegensätze überbrücken wollen oder ob Sie auf der Suche nach Gegensätzen sind: Denken Sie sich in Ihr Thema hinein! Das wird Ihnen das Finden einer Verknüpfung oder Brücke bzw. das Aufspüren des gesuchten «Gegen-Teils» erleichtern. Nehmen Sie Ihre Phantasie und Ihr Bilderdenken zu Hilfe und schalten Sie auf die Ebene, wo sich Ihre Begriffe befinden.

Gerade auch im Zusammenhang mit dem Thema «Selbsterkenntnis» und dem Ausgleich der extremen Charaktereigenschaften spielt das Umschalten eine wichtige Rolle:

Beachten Sie die Gegensätze, und stellen Sie das Gleichgewicht immer wieder von neuem her, sonst gleicht das Leben extreme Ausprägungen durch extreme Gegenteile aus.

Ein Beispiel

Es ist lobenswert, wenn Sie einen Großteil Ihrer (Frei-)Zeit dem Genie-Studium oder sonstigen Beschäftigungen in geistigen Höhen widmen. Aber Sie dürfen nicht den Fehler machen, darüber die Kleinigkeiten des Alltags zu vernachlässigen, sonst holen diese Banalitäten Sie eines Tages ein und überrollen Sie: Wer zu lange in den Himmel schaut, sieht nicht mehr, ob die Schuhe geputzt sind!

D.h., Sie sollten trotz intensiver geistiger Arbeit den Gegensatz, die Alltagsbanalitäten, im Auge behalten, sie wollen auch erledigt sein! Denken Sie also daran,

einkaufen zu gehen, wenn der Kühlschrank leer ist,
regelmäßig den Mülleimer zu leeren,
die fällige Telefonrechnung zu bezahlen,
die Gartenarbeit zu erledigen,
einen Jahres-Kontrolltermin beim Zahnarzt auszumachen,
rechtzeitig die Autoreifen zu wechseln,
ab und zu die Kaffeemaschine zu entkalken,
längst überfällige Rechnungen zu überweisen,
alle drei Tage staubzusaugen,
die gewaschenen Kleider auch zum Trocknen aufzuhängen,
viermal im Jahr das Gefrierfach abzutauen,
auch Ihren Mitmenschen (Nachbarn, Freunden) genügend
Aufmerksamkeit zu widmen usw.

Wenn Sie sich von diesen und anderen Kleinigkeiten nicht unterkriegen lassen wollen, müssen Sie ab und zu auf diese Ebene «Gegensatz zu den geistigen Höhen» hinüberschalten und dort arbeiten.

Wenn Sie das nicht tun, häufen sich die unerledigten Alltagsaufgaben so sehr an, daß Sie eines Tages vor einem riesigen, schier unüberwindlichen Berg stehen.

Ebenso verfahren Sie auch, was Ihre stark ausgeprägten Charaktereigenschaften betrifft: Rechtzeitiges Umschalten ins Gegenteil und Herstellung des nötigen Gleichgewichts zwischen den Extremen bewahrt vor so mancher kleinen «Katastrophe» (vgl. Kapitel 11.3 «Die Auswertung»).

Eine weitere sinnvolle Anwendung der «Umschalte-Technik» bietet sich an beim Auftauchen von äußerlichen Hindernissen. Gerade dann sollten Sie auf die Ebene Ihrer inneren Wunschbilder umschalten und dort verstärkt weiterträumen, damit Sie innerlich unterstützen oder gar erschaffen, was äußerlich noch nicht gelingen will. Hindernisse haben oft den Sinn, von äußerem Wissen auf die innere Ebene von Weisheit und Einsicht umzuschalten. Wenn Sie dort wider Erwarten auch nicht weiterkommen, schalten Sie noch einmal zurück und versuchen, das Hindernis zu umgehen oder zu beseitigen - gehen Sie so lange zwischen den beiden Ebenen hin und her, bis Sie ein zufriedenstellendes Gleichgewicht gefunden haben.

Machen Sie sich also einerseits klar, wie oft Sie die Bewußtseinsebenen wechseln, und setzen Sie andererseits dieses Wechseln überall dort effektiv ein, wo Sie auf andere Art nicht weiterkommen:

Schaffen Sie selbst durch gezieltes Umschalten das nötige Gleichgewicht der Gegensätze!

Zum guten Schluß . . .

«Die nützlichsten Bücher
sind die, die den Leser anregen,
sie zu ergänzen.»

VOLTAIRE

1. Der Blick zurück: «Quer Buch»

«Der Genie-Funke ist in jedem Menschen vorhanden, auch in Ihnen!»
Erinnern Sie sich?

Mit diesem Satz, verehrte Leserin, verehrter Leser, haben wir unser Buch angefangen. Seit Sie begonnen haben, sich um die Entwicklung Ihrer Genialität zu kümmern, sind einige Wochen vergangen; Sie sind um viele Erfahrungen reicher, Sie haben persönliche Schwerpunkte herausgearbeitet und sich einen eigenen «roten Faden» gesponnen:
durch unser Buch - und durch Ihr LEBEN!

Lassen Sie uns die wichtigsten Aspekte noch einmal kurz Revue passieren:

Was ist wichtig auf dem Weg zum Genie?

Die Ich-Bezogenheit ist für den Anfang von großer Bedeutung: Sie wählen das aus, was Sie persönlich betrifft.

Sie arbeiten zunächst im stillen, ganz für sich, damit die ersten zarten Fäden Ihres Genie-Netzes nicht vorschnell von Unwissenden zerrissen werden.

Sie ordnen Ihr Wissen, am besten nach den Aspekten

- Vereinfachung,
- Quantität/Qualität,
- Detail/Überblick;

dann läßt es sich am leichtesten auf andere Anwendungsgebiete übertragen.

Sie achten auf die Dualität der Gegensätze und Ihnen ist bewußt: Alle Gegensätze bilden ein wechselndes Gleichgewicht, das sich immer wieder auspendelt.

Sie bringen Gleichgewicht auch in Ihr Leben, indem Sie Zeit und Energie gleichmäßig auf Beruf und Privatleben verteilen.

Sie werfen Ballast ab und räumen auf: Sie schaffen alte Aufgaben vom Tisch und gewinnen so Zeit für Neues.

Sie haben eine Schwerpunkte-Liste: «Was will ich überhaupt?»

Sie setzen für Ihre Ziele Ihre ganze Visualisierungskraft ein, denn Sie wissen, daß konsequent visualisierte Wünsche eine erstaunliche Eigendynamik entwickeln.

Ihre Einbildungskraft verknüpfen Sie mit Erfahrungswissen und Vernunft nach dem «Reißverschluß-System».

Sie setzen Ihr Wissen so oft wie möglich in Handlung um und ordnen die Erfahrungen, die Sie dabei machen, nach übergeordneten Prinzipien.

Sie schenken auch Ihrem Innenleben genügend Beachtung, indem Sie regelmäßig und bewußt Begeisterung, Inspiration und positives Denken «auftanken»; und Sie glauben fest an Ihren Erfolg.

Der «Puzzle-Effekt» macht's: Ein genialer Erkenntnisblitz kommt zum anderen, und irgendwann addieren sie sich zum großen Kronleuchtereffekt.

Sie orientieren sich an großen Genie-Vorbildern: Ein einfaches Gemüt, der Mut, die Grenzen des Gewöhnlichen zu überschreiten, Ausdauer und Phantasie und immer wieder Bilderdenken sind bei allen Menschen gute und wesentliche Voraussetzungen für Genialität.

Mit unseren Lerntechniken haben Sie ein Stück Basisarbeit geleistet: Grundlagen wie Konzentration, Intelligenz (Umsetzung), Motivation und Ausdauer, Gedächtnis (Bilderdenken), Entspannung und Lesetechnik sind für Sie selbstverständliche Fähigkeiten geworden, die Sie bei Bedarf jederzeit einsetzen können.

Ganz wichtig ist auch die Selbsterkenntnis:

Was will ich?
Wer oder wie bin ich?
Was tue ich?

Wenn Sie diese Fragen beantworten können, haben Sie auch die Möglichkeit, extreme Ausprägungen von bestimmten Eigenschaften rechtzeitig zu erkennen und mit dem jeweiligen «Gegen-Teil» auszugleichen.

Das Analogie-Denken, eine Spezialform der Visualisierung, bringt Sie auch dann noch weiter, wenn andere Methoden keinen Erfolg zeigen.

Denken Sie daran: Sie können immer noch effektiver werden, wenn Sie Ihre Kenntnisse und Erfahrungen noch bewußter und gezielter miteinander vernetzen.

Wenn Sie all das befolgen und umsetzen, dann

WERDEN SIE EIN GENIE!

Und nun ziehen Sie Bilanz:

Aufgabe

A

Mit welchen Thesen, Erläuterungen, Anregungen, Aufgaben oder Beispielen konnten Sie am meisten anfangen?

Was hat Ihnen unmittelbar eingeleuchtet, so daß Sie es für sich praktisch umsetzen konnten?

1.
2.
3. ... (mindestens 6 Beispiele!)

B

In welchen Bereichen haben Sie noch Schwierigkeiten?
Worin bestehen diese?

1.
2.
3.

Die wichtigsten Voraussetzungen für Ihren Weg durch unser Buch waren Mut und Ausdauer:

Mut, um ein solches Projekt überhaupt in Angriff zu nehmen und damit aus Ihren bisherigen Strukturen auszubrechen;
Ausdauer, um konsequent daran weiterzuarbeiten, auch wenn es Durststrecken gab.

Diese beiden Genie-Eigenschaften haben Sie zweifellos optimal in Handlung umgesetzt und dadurch intensiv gefördert.

Aufgabe

A

Welche weiteren wichtigen Genie-Eigenschaften haben Sie an sich entdeckt, entwickelt oder gefördert?

1.
2.
3. ... (mindestens 5 Eigenschaften!)

B

Welches waren Ihre größten Erfolge in den letzten Wochen, die direkt oder indirekt mit Ihrem Genie-Studium zu tun hatten?

1.
2.
3.

C

Gab es auch gravierende Mißerfolge?
Wenn ja, welche?

1.
2.
3.

Gehen Sie noch einmal zurück zu Kapitel 2.3 Aufgabe c:

«Was könnte vielleicht schon bald mit einer genialen Förderung Ihrer geistigen Kräfte möglich werden? Welche Ziele werden greifbarer oder sogar überhaupt erst möglich?»

Diese Frage haben wir Ihnen damals gestellt, und wir möchten sie hier noch einmal aufgreifen:

Aufgabe

Sehen Sie in Ihren Notizen nach und sortieren Sie Ihre damaligen Vorhaben und Ziele noch einmal neu:

- Welche von ihnen sind inzwischen in weite Ferne gerückt?
- Welche Ziele halten Sie nach wie vor für realisierbar und arbeiten daran?
- Welche Vorhaben konnten Sie bereits in die Tat umsetzen?

Sollten sich diese drei Kategorien die Waage halten, also im Verhältnis 1:1:1 stehen, dann dürfen Sie sich gratulieren: Sie haben mehr «mögliche» Ziele als «unmögliche» und zeigen damit eine sehr positive Lebenseinstellung und eine realistische Einschätzung dessen, was für Sie machbar ist!

Sie haben sicherlich eine Menge deutlicher Fortschritte in Ihrer geistigen Einstellung und Entwicklung festgestellt. Auch wir haben im Laufe der Zeit viele Beobachtungen über die Auswirkungen von Genie-Training gemacht; es führt

vom Lesen (der Buchtexte) zum Schreiben (der Aufgaben),
vom Schreiben zum Sprechen (Umsetzen der Erkenntnisse),
vom Sprechen zum Überzeugen (und Erfahrungen-Sammeln),
vom Überzeugen zum Führen (*Genialität!*).

Vielleicht wären Sie diesen Weg ja früher oder später sowieso gegangen, aber dieses Buch hat Sie zweifellos auf schnellerem Weg zu tieferer Erkenntnis geführt.

Sie haben gewaltige Abkürzungen gefunden:

vom Materiellen zum Geistigen,
vom Groben zum Feinen,
vom Äußeren zum Inneren,
vom Realen zum Phantastischen,
vom Künstlichen zum Natürlichen,
von der Vergangenheit zur Zukunft,
vom Flachen zum Hohen und Tiefen,
vom Nebensächlichen zum Wesentlichen,
von der Vielheit zur Einfachheit,
vom Alltag zur inneren Erhebung,
vom Durchschnitt zur inneren Begeisterung,
vom Normalen zum Besonderen,
vom blinden Suchen zur Inspiration,
von Vermutungen zu Gesetzmäßigkeiten,
von der Quantität zur Qualität,
vom Zögern zum klaren Handeln,
von der Abhängigkeit zur Freiheit,
vom Zweifel zum Beweis durch Anwendung,
vom Schwanken zur Sicherheit,
vom Geleitet-Werden zum Selbst-Leiten,
vom Nachmachen zur kreativen Selbstgestaltung,

kurz:

Sie sind in der Lage, Ihr Leben in Freiheit und klarer Erkenntnis dessen, was Sie wollen und was für Sie gut ist, zielsicher und kreativ selbst zu gestalten.

2. Der Blick voraus: Unser Angebot an Sie

Was werden Sie tun, verehrte Leserin, verehrter Leser, jetzt, wo Sie mit dem Buch fertig sind?

Sie können stolz auf sich sein: Sie haben einen zunächst riesig erscheinenden Berg von Arbeit in kleinen Etappen Stück für Stück bewältigt.

Und jetzt?

Wir raten Ihnen folgendes: Legen Sie das Buch für einige Tage beiseite; für zwei Wochen, sechs Wochen, drei Monate - Sie werden selbst merken, wann Sie an Ihrer Genialität weiterarbeiten wollen.

Behalten Sie während dieser Pause aber alle Dinge bei, an die Sie sich gewöhnt haben:

- Pflegen Sie Ihre tägliche «innere Erhebung»,
- Nehmen Sie sich Zeit für sich,
- Machen Sie Ihre gewohnte Tages-Rückschau und -Vorplanung,
- Notieren Sie nach wie vor Geistesblitze und «Genie-Eigenschaften» usw.

Das kostet Sie nicht viel an Zeit und Aufwand, doch Sie fallen nicht so schnell in Ihre alte Bequemlichkeit zurück, und außerdem können ihre Notizen gerade während dieser Phase besonders aufschlußreich sein.

Und wenn Sie spüren, Sie sind so weit, daß Sie gezielt weiterarbeiten wollen, dann

fangen Sie noch einmal von vorne an!

Sie haben richtig gelesen: Nehmen Sie sich das Buch wieder vor, besorgen Sie sich ein neues Arbeitstagebuch und starten Sie von Anfang an mit den ersten Seiten, den ersten Aufgaben noch einmal.

Sie werden sofort feststellen, daß Sie vieles ganz anders auffassen und viel besser verstehen und umsetzen können als beim ersten Mal.
Vergleichen Sie Ihr Vorgehen einmal mit den Ratschlägen, die wir Ihnen am Ende von Kapitel 7.5 gegeben haben:

> «Steigen Sie ... wieder am Anfang der Kette ein, doch diesmal auf einem deutlich höheren Niveau des Erlebens.»
> ***«Sie arbeiten sich spiralförmig nach oben, in Richtung Adlerblick!»***

Sie werden viele neue Antworten finden, es werden aber auch andere Fragen auftauchen als beim ersten Durchgang. Deshalb möchten wir Ihnen an dieser Stelle unseren *LESER-SERVICE* anbieten.

Sie können
- uns schreiben,
- Ihre Fragen stellen,
- uns Ihre Erfahrungen mitteilen,
- Ihre Anregungen weitergeben,
- über Erfolge und Mißerfolge berichten usw.

und wir wollen Ihnen
- Ihre Fragen beantworten,
- mit Rat und Tat zur Seite stehen,
- unser ganzes Erfahrungspotential aus jahrelanger Seminartätigkeit zur Verfügung stellen,
- weitere Anregungen bieten mit zusätzlichen Übungen.

Gerne stellen wir Ihnen gegen einen Unkostenbeitrag weiteres Material zur Verfügung, so z.B. Texte, die unser Buch wesentlich mitgeprägt haben und die im Buchhandel nicht (mehr) erhältlich sind.

Schreiben Sie uns: Ihre Erfahrungen und Wünsche sind uns wichtig!

Hier unsere Korrespondenz-Adresse:

An das

Geisselhart-Team
- «GENIE» -
Postfach 2904
D-88023 Friedrichshafen

Außerdem möchten wir Sie an dieser Stelle um Ihre Unterstützung bitten: Nichts ist so gut, daß es nicht verbessert werden könnte, auch nicht unsere Texte und Ideen. Deshalb legen wir großen Wert auf Ihre Ansichten. Sie helfen uns sehr, wenn Sie den umseitigen *Frage- und Meinungsbogen* ausfüllen und an uns zurücksenden; wir können Ihre Erfahrungen und Anregungen dann in unsere künftigen Projekte einfließen lassen.

Wir bedanken uns schon jetzt recht herzlich für Ihre Hilfe!

Frage- und Meinungsbogen

Dieses Buch hat meine Erwartungen

- ○ nicht erfüllt
- ○ erfüllt
- ○ zum Teil erfüllt
- ○ übertroffen

Durch die Übungen und Techniken habe ich

- ○ das eine oder andere über mich erkannt
- ○ mich persönlich stark verändert
- ○ eine positive Entwicklung begonnen/durchgemacht, die ich vorher nicht für möglich gehalten hätte

Mit Hilfe der Anleitungen konnte ich

- ○ noch kein Problem lösen
- ○ ein Problem lösen
- ○ mehrere Probleme lösen

Die Auswirkungen auf meine Umgebung (Familie/Beruf) waren

○ gering ○ deutlich ○ fast schon zu stark

Das hat sich hauptsächlich folgendermaßen geäußert:

____

An diesem Buch gefällt mir folgendes am besten:

____

Folgendes würde ich ändern:

____

Ich interessiere mich für

- ○ weitere Unterlagen, bes. zum Thema ________________
- ○ weiteres Übungsmaterial, bes. zum Thema ________________
- ○ Erfahrungsaustausch mit anderen Genie-Anwärtern
- ○ Informationen über Kurse und Seminare, bes. zum Thema ________

Name: ____________________ Alter: __________

Vorname: ____________________ Beruf: __________

Anschrift: ______________________________

Bitte kopieren Sie diesen Bogen und schicken Sie ihn ausgefüllt an die oben genannte Adresse.

Herzlichen Dank für Ihre Mitarbeit!

3. Der ideale Arbeitsplatz: Ihre Traum-Welt

«In der Morgensonne eines anbrechenden Renaissance-Tages streckte sich Giulio Camillo genüßlich und musterte die vom Sonnenlicht gefleckten Säle, die sagenhaft ausgestatteten Räume eines der prächtigsten Paläste Venedigs. Befriedigung erfüllte ihn, als er die zunehmende Betriebsamkeit und das Gemurmel seines erwachenden großen Haushaltes gewahrte. Er hatte hier die ganze Weisheit und Intelligenz versammelt, um als Berater von Königen wirken zu können.»

Hier können Sie nun Ihr ganzes Visualisierungs-Potential einsetzen, verehrter Leser: Die folgende (letzte!) Aufgabe ist recht umfassend, aber sie ist eine faszinierende Herausforderung, und Sie können mit viel Spaß, Kreativität und Phantasie ans Werk gehen:

Aufgabe

Sorgen Sie zunächst dafür, daß Sie eine Zeitlang ungestört sind.

Malen Sie sich das oben geschilderte Bild so groß, schillernd, farbenprächtig, interessant und lebendig aus, wie Sie nur irgend können.
Sie dürfen dabei völlig frei verfahren:

- Versetzen Sie den Palast an einen beliebigen Ort Ihrer Wahl.
- Wenn Sie möchten, tauschen Sie ihn gegen einen griechischen Tempel, eine Kunstgalerie, eine Autoverkaufshalle, einen Konferenzraum eines großen Konzerns o.ä.
- Gestalten Sie den Raum selbst und seine äußere Umgebung nach Ihren Idealvorstellungen: Richten Sie das Innere nach Ihrem Geschmack ein und verlegen Sie das Gebäude in eine entsprechende Landschaft.
- Ergänzen Sie das Bild durch Szenen aus Film, Märchen, Alltag oder Phantasie.
- Laden Sie bildhaft 10 bedeutende und Ihnen sympathische Genies der Weltgeschichte in Ihre Traum-Welt ein.
- Jetzt gestalten Sie ihren Raum so groß, daß jede Ihrer genialen Persönlichkeiten genügend Platz für sich hat.
- Schaffen Sie für alle eine Umgebung, in der sie etwas tun können, was für Sie nützlich ist, z.B. einen Bestseller schreiben, nach Öl

bohren, Ihre Büroarbeit tun, neue Erfindungen in Ihrem Namen machen usw.

Ihrer schöpferischen Wunsch-Phantasie ist absolut keine Grenze gesetzt. Je intensiver Ihre Wunsch-Genies in Ihrer Wunsch-Umgebung an Ihren Wunsch-Projekten arbeiten, um so eher können Sie sich auf eine Bergspitze zurückziehen und das ganze Geschehen aus der Ferne, aus der Adlerperspektive steuern.

Wenn Sie möchten, erschaffen Sie eine ganze Stadt, ein ganzes Land voller Genies, die alle für Sie tätig sind.

Leben, genauer gesagt: träumen Sie Ihre bildhafte Gestaltungskraft so richtig aus!

Zum Schluß halten Sie mit ein paar Strichen das Beste aus Ihrer Traumwelt in kleinen Skizzen fest, so daß Sie zu jedem späteren Zeitpunkt anhand dieser Vorgaben die kompletten Bilder wieder abrufen können.

Wenn Ihnen das einige Male gut gelungen ist, können Sie sich jederzeit zur Entspannung, Erbauung und zum kreativen Auftanken in Ihre Traum-Welt zurückziehen.

***Hier liegen die Antworten auf all Ihre Fragen,
hier finden Sie die Lösungen zu all Ihren Problemen,
und Sie können mit Hilfe «Ihrer» Genies
ALLES erreichen!***

Literaturverzeichnis

In dieser erweiterten Literaturliste haben wir einerseits die Bücher aufgeführt, auf die wir in unserem Text direkt verweisen (in der Liste mit * gekennzeichnet), andererseits auch diejenigen, die uns wertvolles Hintergrundwissen geliefert haben. Wir hoffen, daß sie Ihnen als Anregung dienen, das eine oder andere Thema unseres Buches noch zu vertiefen oder auch andere Ansichten dazu kennenzulernen.

Und seien Sie sicher: Sie werden genau die Bücher herausgreifen, die für Sie und Ihren persönlichen Weg gerade jetzt die größte Bedeutung haben!

1 Bailey, Alice A.: Initiation. Menschliche und solare Einweihung.
Lucis Verlag Genf 1996

2 Bono, Edward de: Laterales Denken.
Econ Verlag Düsseldorf/Wien 1992

3 Constant, Abbé Alphonse Louis: Das Buch des Weisen.
Barth Verlag Wien/München/Leipzig 1928

4 ders.: Der Schlüssel zu den großen Mysterien.
Barth Verlag Wien/München/Leipzig 1928

5 Correll, Werner: Verstehen und Lernen. Grundlagen der Verhaltenspsychologie.
MGV Verlag Landsberg 1987

6 Daco, Pierre: Psychologie für jedermann.
Weltbild Verlag Augsburg 1994

7 Dahlke, Rüdiger: Der Mensch und die Welt sind eins.
Hugendubel Verlag München 1987

8 * Dethlefsen, Thorwald: Schicksal als Chance.
Bertelsmann Verlag München 1979

9 Dieterich, Veit-Jakobus: Johann Amos Comenius.
Rowohlt Verlag Reinbek 1991

10 Dobel, Richard (Hg.): Lexikon der Goethe-Zitate.
dtv München 1995 (besonders interessant: S. 260-262!)

11 Eysenck, Prof. Dr. Hans Jürgen: Die Ungleichheit der Menschen.
Ist Intelligenz erlernbar?
Goldmann Verlag München 1978

12 * ders.: Intelligenz Test.
Rowohlt Verlag Reinbek 1990

13 Feyler, Günther: 140 Checklisten.
Heyne Verlag München 1990

14 Focke, Erhard: Die Bedeutung der Phantasie für Emanzipation und Autonomie des Menschen. Menschenkunde und Erziehung Bd. 28.
Verlag freies Geistesleben Stuttgart 1972

15 Frisch, Max: Homo Faber.
Suhrkamp Verlag Frankfurt/Main 1977

16 Gawain, Shakti: Stell Dir vor. Kreativ visualisieren.
Rowohlt Verlag Reinbek 1986

17 * Geisselhart, Roland/Zerbst, Marion: Das perfekte Gedächtnis.
dtv München 2001

18 Gerken, Gerd: Die unsichtbare Kraft des Managers.
Econ Verlag Düsseldorf 1988

19 Goethe, Johann Wolfgang von: Faust
dtv München 1997

20 Hark, Helmut (Hg.): Lexikon Jungscher Grundbegriffe.
Walter Verlag Olten 1994

21 * Harman, Willis / Rheingold, Howard: Die Kunst, kreativ zu sein.
Scherz Verlag Bern/München 1991

22 Hesse, Hermann: Siddhartha.(Gesammelte Werke Bd. 5)
Suhrkamp Verlag Frankfurt 1976

23 Jung, Carl Gustav: Archetypen.
dtv München 2001

24 ders.: Psychologie und Alchemie.
Walter Verlag Olten 1989

25 ders.: Von Mensch und Gott. Ein Lesebuch.
Walter Verlag Olten 1989

26 * Jungk, Robert: Die Zukunft hat schon begonnen.
Scherz Verlag Bern/Stuttgart 1952

27 * Kahle, Dr. Heinz: Ihre persönliche Erfolgsstrategie: Richtig denken, planvoll arbeiten, Wohlstand erwerben.
Ariston Verlag Genf 1980

28 Kehoe, John: Die Geheimnisse inneren und äußeren Reichtums.
Windpferd Verlag Aitrang 1991

29 ders.: Mind Power.
Windpferd Verlag Aitrang 1991

30 Kirst, Werner / Diekmeyer, Ulrich: Intelligenztraining.
Rowohlt Verlag Stuttgart 1987

31 Klein, Nicolaus / Dahlke, Rüdiger: Das senkrechte Weltbild.
Hugendubel Verlag München 1986

32 Krüger, Günther: Selbstmanagement.
Heyne Verlag München 1990

33 Miers, H. E. : Lexikon des Geheimwissens.
Freiburg i.B. 1965

34 Narayanananda, Swami: Das Ende der Philosophie.
Selbstverlag N. O. Yoga Ashrama Plansingen 1986

35 * Oberlin, Ulf-Peter: Erfolgsgarantie Kreativität.
Ariston Verlag Genf 1986

36 * Ostrander, Sheila / Schroeder, Lynn: Superlearning.
Scherz Verlag Bern/München 1979

37 * dies.: Super Memory.
Scherz Verlag Bern/München 1992

38 * Peters, Dr. Roger: Praktische Intelligenz.
MGV Verlag Landsberg 1988

39 Raudsepp, Eugene: So steigern Sie Ihre Kreativität.
Heyne Verlag München 1984

40 Riemann, Fritz: Grundformen der Angst und die Antinomien des Lebens.
Reinhardt Verlag München/Basel 2002

41 Ropp, Robert S. de: Selbstvollendung. Schlüssel zu einem sinnvollen Leben.
Sphinx Verlag Basel 1990

42 * Schäfer, Dr. Ortwin: Kontrastives Denken oder Freiheit beginnt im Kopf.
Wiesbaden 1991

43 Seiling, Max: Goethe als Esoteriker.
Verlag «Die Silberschnur» GmbH Melsbach/Neuwied 1988

44 Shaw, Idris: Wege des Lernens.
Knaur Verlag München 1985

45 Sieczka, Helmut G.: Sich selbst erkennen.
Goldmann Verlag München 1990

46 Stewart, Desmond: Lawrence von Arabien. Eine Biographie.
Claassen Verlag Düsseldorf 1979

47 Tepperwein, Kurt: Geistheilung durch sich selbst.
Goldmann Verlag München 1999

48 ders.: Kraftquelle Mentaltraining.
Goldmann Verlag München 1995

49 Thiele-Dohrmann, Klaus: Intuition.
Kabel Verlag Hamburg 1990

50 Tietze, Henry G.: Wirken auf das Unbewußte.
Moewig Verlag Rastatt 1981

51 Wehr, Gerhard: C. G. Jung
Rowohlt Verlag Reinbek 2000

52 Weigl, Gisela / Wenzel, Franz: Die entschleierten Gedanken.
Aquamarin Verlag Grafing 1986

53 Weyh, Helmut: Motivations-Management.
MGV Verlag München/Landsberg 1993

54 * Witt, Hermann de: Analogik. 3 Bde.
Kugler Verlag Oberwil/Zug 1983

55 Yogananda, Paramahansa: Die Autobiographie eines Yogi.
Droemersche Verlagsanstalt München 1992

56 ders.: Zwiesprache mit Gott.
Perlinger Verlag München 1990